찐아빠의 육아 세계

바람같이, 운명처럼 찾아온
아이들의 성장 이야기

리플레이

팥빙수를 좋아하는 여자와 막걸리를 좋아하는 남자가 만나 부모가 됐다. 결혼하고 1년도 지나지 않아 아이가 생겼다. 떨리는 손으로 탯줄을 잘랐던 게 엊그제 같은데 그사이에 두 아이가 태어났다. 지금은 초2 아들, 여섯 살 아들, 다섯 살 딸을 키우고 있는 3남매 아빠다.

예전부터 좋은 아빠가 되는 것이 꿈이다. 아이들의 마음을 진심으로 공감하고 소통하길 바란다. 하지만 이유 없는 짜증과 화만 늘었다. 요즘은 부모님 생각에 울컥한다. 아빠로서 아이를 키우면서 느꼈던 감정과 경험을 나누고 싶어 기록했다. 어쩌다 아빠가 찐 아빠가 되어가는 과정을 이야기한다.

차례

1장. 어쩌다 아빠

- 어쩌다 아빠 ·········· 10
- 첫아이 출산 고통과 맞바꾼 감격 ·········· 14
- 아이는 축복이다 ·········· 17
- 일장춘몽, 산후조리원 생활 ·········· 20
- DNA의 힘, 어쩜 이런 것까지 빼다 박을 수가! ·········· 26
- 아이를 위한 첫 결정, 아이 이름 짓기 ·········· 32
- 가장 힘들고 어려운 직업은 부모다 ·········· 36
- 둘째의 기억 ·········· 41
- 아이를 키우면서 비로소 알게 된 것들 ·········· 44
- 바람같이, 운명처럼 내게 온 셋째 ·········· 50

2장. 찐아빠 육아

- 찐아빠는 만들어가는 것이다 ·········· 55
- 대한민국이여! 아빠에게 육아를 허하라 ·········· 58
- 아내의 칭찬은 남편을 춤추게 한다 ·········· 62
- 찐아빠의 육아 철칙 ·········· 65
- 아이가 다쳤으면 먼저 괜찮냐고 물어라 ·········· 71
- 아이와 사랑에 빠지는 세 가지 방법 ·········· 74
- 아이와의 눈 맞춤은 위로다 ·········· 81
- 장난감의 역습 ·········· 84
- 아이들을 웃겨야 산다 ·········· 91

3장. 좋은 아빠는 좋은 남편으로부터 시작한다

- 좋은 아빠는 태교부터 시작한다 ·········· 95
- 아내가 포기한 것들 ·········· 98
- 워킹맘의 비애 ·········· 102
- 육아맘의 현실 외출 ·········· 106
- 정작 자기 옷은 못 사는 아내 ·········· 109
- 아내에게 혼자만의 시간을 선물하라 ·········· 112
- 남편은 아내 전담 마사지사 ·········· 115
- 아빠는 주말 요리사 ·········· 118
- 이벤트 준비는 아이들과 함께 ·········· 122
- 1분 데이트 ·········· 125
- 좋은 남편 꿀팁 ·········· 128

4장. 행복한 나를 찾아서

- 자존감 낮은 아이가 세 아이 아빠 되다 ·········· 134
- 아빠도 피할 수 없는 산후 우울증 ·········· 138
- 고혈압이라니 ·········· 141
- 부정적인 감정 마주하기 ·········· 144
- 남편도 혼자만의 시간이 필요하다 ·········· 147
- 나는 지금 행복한가? ·········· 150
- 아빠의 존재감 ·········· 154
- "인싸" 아빠 되기 프로젝트 ·········· 157
- 아이들은 무서운 아빠를 싫어해요 ·········· 161
- 누구의 문제인가? ·········· 165
- 아들! 네 꿈은 뭐야? ·········· 169
- 작가를 꿈꾸다 ·········· 171

5장. 부모는 아이와 함께 성장한다 <발달심리학 중심으로>

영아기(출생에서 18개월) : 신뢰성
- 틈새 애착 관계에 비집고 들어가라 ·········· 175
- 아빠만의 고유한 유대감을 찾아라 ·········· 179
- 아이의 수면 시간이 부모의 삶의 질을 결정한다 ·········· 183

걸음마기(18개월에서 3세까지) : 자율성
- 자율성 vs 의존성 ·········· 188
- 긍정적인 정서는 긍정적인 말에서 자란다 ·········· 192
- 아빠는 누워서 놀아도 최고다 ·········· 196
- 놀이를 대하는 아빠의 태도 ·········· 201
- 아빠는 아이의 훌륭한 롤모델 ·········· 205
- 어린이집에 적응 잘하는 4살도, 결국 아이였다 ·········· 208

학령기(3세에서 7세까지) : 주도성
- 아이에게 선택권 주기 ·········· 212
- 하늘을 찌르는 아이의 주도성, 전지전능감 ·········· 215
- 공감하는 아이로 키워야 하는 이유 ·········· 219
- 첫째의 핵심 감정을 소개합니다 ·········· 225
- 베갯머리독서 습관 선물하기 ·········· 229

에필로그

1장
/
어쩌다 아빠

어쩌다 아빠

2015년 가을, 아침 햇살이 유독 따사로웠다. 매일 아침 졸린 눈을 비비며 베란다로 나갔다. 나가자마자 그릇에 물을 담아 스티로폼에 심어 놓은 상추에 물을 주었다. 근무지에서 학교 텃밭 동아리 활동에 한창 공들일 때라 상추 키우기는 일상이었다.

상추는 하루가 다르게 자랐다. 새끼손가락 만한 상추잎이 금세 손바닥 만해졌다. 야들야들 부드러운 잎이 진초록으로 짙어질 때마다 뿌듯했다. 아내에게 자랑하고 싶은 마음에 푸릇한 잎이 무성한 상추를 보여주며 흐뭇한 표정을 지었다. 하지만 아내는 못마땅했는지 어이없어하며 내다 버리라고 했다.

상상해 봐라. 남편이 아침 댓바람부터 상추에 물을 주는데 어느 아내가 좋아하겠는가. 꼴은 더 못 봐준다. 부스스한 까치 머리를 하고 눈곱 낀 눈으로 아내를 바라봤다. 아내가 어떤 심정으로 바라봤을지 지금 생각해 보면 소름이 돋는다.

주말마다 낚시나 출사하러 가는 남편을 쳐다보는 아내의 눈빛을 보고야 말았다. 상추를 보고 마냥 신이 난 것과 달리 아내 눈에는 지지리 궁상떠는 모습에 불과했다. 어디 그뿐인가, 그렇지 않아도 빨래 건조대 하나 겨우 들어가는 좁디좁은 베란다에 상추 모종까지 들여놨으니 그저 상추 모종은 쓸데없이 자리만 차지하는 골칫거리였다. 내 눈에는 정성 쏟은 만큼 자라는 자식 같지만, 아내 눈에는 단지 쌈 싸 먹는 상추일 뿐이다.

2015년 9월 5일, 그날도 어김없이 눈을 뜨자마자 베란다에 나가 상추에 물을 주었다. 아내는 평소와 달리 내 꽁무니를 졸졸 따라다녔다. 그렇다고 이상한 낌새가 있었던 것은 아니다. 여느 날과 다를 것 없는 평범한 아침이었다. 아내의 반응도 같았다. 그날도 상추에 물을 주고 있는 나를 한심하게 쳐다봤다. 절대 이해 못한다는 눈빛으로 말이다.

상추에 물을 다 주고 거실로 들어가는데 아내가 눈을 흘겼다. 아내와 눈이 마주치자마자 눈치가 보였다. 속으로 그만 상추를 버려야 하나 싶을 때, 아내는 무언가 쓱 내밀었다.

"이거 봐봐"

임신 테스트기다. 임신 테스트기를 눈앞에 두고도 순간 아내가 왜 보여주는지 이유를 몰랐다. 알아채는 데 시간이 걸렸다. 지금 생각하면 참 눈치 없는 남편이다.

그제야 임신 테스트기에 선명하게 나 있는 두 줄이 보였다. "두 줄?" 화들짝 놀라며 휘둥그레진 눈으로 아내를 쳐다봤다. 속으로 임신인가 머리 굴리기 바빴다. 아내에게 어떤 말부터 해야 할지 몰랐다. 아내를 바라보며 어리바리한 표정을 지었다. 한참을 임신 테스트기와 아내를 번갈아 가며 바라봤다.

"이제 상추 자식 키우지 말고, 네 자식 키워!"

"진짜 임신이야? 임⋯⋯ 신⋯⋯ 이라고?"

아내는 답답했는지 눈만 끔뻑거리고 우두커니 서 있는 내게 한마디 했다. 아내는 미적지근한 반응에 실망한 듯 보였다. 임신한 사실을 눈치채지 못하자 아내는 경멸하며 쳐다봤다. 아내와 달리 나는 꿀 먹은 벙어리였다. 아내는 재차 임신했다고 말했다.

"임신이라고! 임신이야!"

우물쭈물하다 그만 쭈글쭈글한 남편이 되고 말았다. 아내에게 점수 딸 수 있는 마지막 기회를 날린 것이다. 생각해 보면 미적지근한 반응으로 아내를 서운하게 했다. 만약 아내가 임신 테스트기를 내밀었을 때로 되돌아갈 수 있다면 예비 아빠 리액션을 제대로 보여줄 것이다. 환호하면서 물개박수를 칠 테야. 사랑한다고 속삭이며 아내를 따뜻하게 안아주겠다. 지금이라도 글을 빌려 아내에게 고마웠던 마음을 전하고 싶다.

"여보, 당신이 처음 임신했다고 말했을 때 속으로 세상을 다 가진 것처럼 기뻤어. 갑작스러운 임신 소식에 놀란 것뿐이야. 사실 지금도 아빠라는 게 믿기지 않아. 부족하겠지만 좋은 아빠가 될게. 고맙고 사랑해!"

아빠가 된다고 생각하니 믿기지 않는다. 얼떨떨하기만 하다. 솔직히 예상치 못한 임신 소식에 기쁘기도 하면서 덜컥 겁부터 났다. 아이들에게 좋은 아빠가 될 수 있을까 걱정되었다. 여러 가지 복잡한 생각이 꼬리에 꼬리를 물고 머릿속을 맴돌았다. 처음부터 부모가 되는 것은 아니기에 그나마 마음을 다잡을 수 있었다. 누구나 어쩌다 아빠가 된다. 나도 어쩌다 아빠가 되었다.

첫아이 출산 고통과 맞바꾼 감격

첫아이의 임신과 출산을 떠올리면 기쁨과 감격의 순간만 있었던 것은 아니다. 마치 동전의 양면처럼 축복에는 대가가 따랐다. 출산의 감격과 맞바꿨다.

첫째라 그랬을까. 임신 10개월 동안 어찌나 걱정되던지 임신 4개월부터 마음을 졸였다. 임신 초기가 지났다고 안심하던 어느 날 의사 선생님은 아이가 다른 산모에 비해 밑에 있다고 했다. 아니나 다를까 초음파 영상을 봐도 자궁 입구 쪽 가까이에 있었다. 의사 선생님의 말을 듣고 37주를 채우지 못할까 봐 겁부터 났다.

아내는 내진 검사를 받아야만 했다. 보통 임신 36주 차에 내진 검사를 한다. 하지만 아내는 조산 증상으로 임신 4개월부터 받았다. 내진 검사는 손가락을 넣어 산모가 출산할 준비가 됐는지, 아이가 얼마나 내려와 있는지 확인하는 검사다. 1~2분이면 끝나는 간단한 검사지만 검사받을 때마다 힘들어했다. 아내는 생전 처음 느껴보는 불쾌감과 수치심 사이를 오갔다. 내진 검사

받으며 고개를 절레절레 젓던 아내를 지금도 잊지 못한다.

아내는 배 뭉침이 잦았다. 배가 돌덩이처럼 단단해질 때마다 힘들어했다. 임신 배 뭉침은 임신 중 자궁이 수축하면서 갑자기 배가 단단하게 뭉치는 현상이다. 이때 배 뭉침이 잦고, 통증이 길어지면 조산 가능성이 있어 위험하다. 바로 병원에 가야 한다. 사실 임신 배 뭉침은 임신 막달이 될수록 자연스러운 증상이지만 아내는 임신 초기부터 배 뭉침이 시작됐다. 아내가 배 아프다고 하면 무슨 일이 생길까 봐 무서웠다.

태동 검사를 할 때마다 얼마나 긴장되던지. 아내는 임신 막달에 한다는 태동 검사도 임신 초기에 받았다. 흰색 병실 커튼 사이로 울려 퍼지는 아이의 심장 소리가 잠깐이라도 불규칙해지면 가슴이 벌렁벌렁 안절부절못했다. "혹여나 아이에게 문제가 생기면 어떻게 하지." 하는 생각에 불안했다. 쓸데없는 생각임을 알면서도 불안한 마음을 쉽게 떨쳐 내지 못했다.

아내는 먹덧이 왔다. 아내는 음식 냄새만 맡으면 비위가 상했다. 아내는 차라리 못 먹는 것보단 뭐라도 먹는 게 낫다고 했다. 나중에 알고 보니 아내는 속이 울렁거리고 토할 것 같은 느낌이 들 때마다 먹는 것으로 풀었다고 한다. 아내는 마이쮸, 아이셔, 새콤달콤, 평소에 먹지도 않았던 맵고 짠 라면 국물을 입에 달고 살았다. 그때 아이에게 좋지도 않은 것을 왜 먹느냐는 말을 하지 말았어야 했다. 마음껏 먹게 했을 걸 두고두고 후회한다. 뭐라도 먹어야 견딜 수 있다는 것을 몰랐다.

그래서일까 아내는 임신 7개월부터 체중이 급격히 늘었다. 아내의 팔과 다리가 코끼리 다리처럼 팅팅 부었다. 하지만 아내와 나는 자연스러운 신체 변화라고 생각했다. 매일 보는 몸이라 눈치채지 못한 것이다. 아무리 첫아이라도 부종과 임신 중독증이 얼마나 위험한지를 몰라도 너무 몰랐다. 지금에 와서야 말하지만 출산할 때까지 살얼음을 걷는 기분이 들었다.

지금도 임신 10개월을 어떻게 버텼는지 모르겠다. 자궁경부 길이가 몇 mm씩 줄어들 때마다 어찌나 마음 졸였는지. 그럼에도 불구하고 출산할 때까지 조산방지질정과 먹는 약을 처방받고 8차례 주사를 맞으며 버틴 아내에 비하면 나는 양반이다.

아이는 축복이다

2016년 5월 18일, 오전 10시쯤 아내에게 전화가 왔다. 아내의 전화번호를 보자마자 뭔지 모를 싸한 느낌이 들었다.

"오빠 피 나."

아내의 다급한 목소리에 정신이 혼미해졌다. 지금도 어떻게 집에 갔는지 모르겠다. 긴박한 와중에 아내는 출산 준비로 미리 싸둔 30인치 캐리어를 끌고 4층에서 계단으로 걸어 내려와 있었다.

나중에 아내에게 들은 이야기지만 새벽부터 진통이 시작됐고 퇴근할 때까지 참아보려고 했다고 한다. 큰일이 나지 않았으니 망정이지 하마터면 계단에서 첫째를 낳을뻔했다.

의사 선생님과 간호사들은 출산 전 무통 주사를 놓을 곳을 찾지 못했다. 부종으로 온몸이 팅팅 부은 탓이다. 의사 선생님은 아내의 웅크린 자세를 몇 번을 바꿔가며 긴 주삿바늘을 아내 등에 꽂아댔다. 대충 세어도 대여섯 번. 얼마나 찔렀으면 바늘이 휘어졌을까. 아내는 겨우 무통 주사를 맞고 침실에 누웠다. 하지만 무통 주사를 놓는 타이밍을 놓쳤는지 마취 효과가 없었다. 아내는 출산의 고통을 고스란히 느껴야 했다. 아내는 지금도 무통 주사 말만 들어도 치를 떤다.

아내는 자궁문이 열릴 때마다 산통으로 고통스러워했다. 아내의 신음 소리는 멘털을 마구 흔들었다. 아내의 숨은 가빠지고 산통 때문에 이를 악물었다. 고통스러워하는 아내를 보고 안절부절못했다. 아내 대신 아이를 낳을 수도 없는 노릇이고 미치는 줄 알았다. 가빠지는 아내의 숨소리에 덩달아 흥분됐다. 그러다가 아내가 비명을 질렀다. 아내가 얼마나 힘을 줬는지 부여잡은 침대 난관이 부러지고 말았다. 아픈 와중에 부러진 침대 난관을 보고 멋쩍게 웃던 아내의 모습이 지금도 눈에 선하다.

"보호자 분은 밖에서 기다리세요."

간호사의 말을 듣고 손에 땀이 나기 시작했다. 누군가 심장을 꺼내 귀에 바짝 댄 것처럼 심장 소리가 크게 들렸다. 분만실 밖에서 발만 동동 굴렀다. 몇 분이 지났을까. 아이의 울음소리가 분만실을 크게 울렸다. 우렁찬 울음소리를 듣고 감격했다. 건강하게 태어났구나 싶어 그제야 한숨을 돌릴 수 있었다. 쩌렁쩌렁 울리는 아이의 울음소리는 10개월 동안 전전긍긍 애태웠던 마음을 한순간에 녹였다.

감격할 새도 없이 의사 선생님이 의료용 가위를 건넸다. 의료용 가위를 건네받는 순간 잘못해서 아이가 다칠까 봐 3초 정도 머뭇거렸다. 어찌나 손이 덜덜 떨리던지. 아무리 마음을 가라앉히려 해도 바들거리는 손은 멈추지 않았다. 긴장했던 탓인지 탯줄도 잘리지 않았다. 질겼던 탯줄을 온몸으로 느끼던 순간, 지금도 첫째를 맞이한 때를 떠올리면 울컥한다.

돌이켜 보면 임신과 출산 과정에서 남편 역할은 많지 않다. 임신 10개월과 출산의 고통은 고스란히 아내 몫이었다. 그나마 남편으로서 가장 잘한 일은 가족 분만실에서 출산한 것이다. 아이가 태어나는 순간을 처음부터 끝까지 놓치지 않고 목격했다는 것만으로도 얼마나 다행스럽고 감사한지 모른다.

태지가 덕지덕지 붙어있는 핏덩이를 품에 안아 본 사람만 안다. 임신 10개월 동안 괴롭혔던 불안과 두려움으로 힘들었던 지난 시간이 눈 녹듯이 사라졌다. 아무리 출산이 고통스러워도 탄생의 기쁨과 감격에는 비할 바가 아니다.

"달콩아! 10개월 동안 애썼어. 잘 버텨줘서 고마워."

아이는 축복이다.

#일장춘몽, 산후조리원 생활

첫째는 출산한 병원에 있는 산후조리원으로 갔다. 산부인과에서 운영하는 산후조리원으로 정한 이유가 있다. 병원과 연계된 산후조리원이라면 혹시 모를 의료사고가 생겼을 때 빠르게 대처할 것 같았다. 개원 30주년 할인 행사까지 했으니 다른 산후조리원보다 저렴했다. 더는 다른 곳을 알아볼 이유가 없었다.

출산 후 산모는 약 3개월 동안 몸 회복에만 신경 써야 한다고 한다. 하지만 보통 산모들은 2주 산후조리가 전부다. 아내도 여느 산모들처럼 산후조리원에 2주 있었다. 솔직히 마음 같아서는 한 달 산모 도우미 서비스를 이용하고 싶었다. 하지만 비용 부담이 컸다. 아무래도 남의 손을 빌리면 돈이 든다.

아이를 낳아보니 둘째부터는 2주 산후조리원 생활도 사치이다. 아내는 첫째를 돌봐야 한다며 2주를 채우지 않고 퇴실하려고 했다. 사실 처가댁이나 시댁에서 도와주지 않는 이상 둘째부터는 제대로 산후조리를 할 수 없다. 지금 생각하면 아내가 몸을 회복하는데 2주는 부족한 시간이다.

생애 첫 산후조리원 남편 생활이 시작되었다. 출산 전, 지인들이 산후조리원에 있는 동안 아내가 잘 쉴 수 있도록 도와주라고 했다. 한결같이 생각보다 2주가 빨리 지나간다고 말했다. 아무리 알차고 좋은 프로그램이라도 잘 먹고 잘 쉬는 것보다 못하다. 아내가 마음 편히 지낼 수 있도록 돕자. 출산 후 남편 역할은 아내가 몸이 회복할 때까지 손발이 되어 주는 것이다.

생각해 보면 아내는 강제 휴식이 주어졌다. 회음부 통증 때문에 쉴 수밖에 없었다. 아내는 누워서 꼼짝달싹하지도 못했다. 아내는 다른 산모들을 만나 육아 정보도 나누고 산후조리원에서 운영하는 배냇저고리나 이유식 만들기 수업에 참여하길 원했다. 하지만 회음부 통증이 심해 움직일 수 없었다. 뷔페 라운지에서 먹는 점심 식사는 꿈도 못 꿨다. 아내는 산후조리원에 있는 동안 진통제를 맞아가며 하루하루 버텼다. 분만을 돕기 위해 회음부를 절개한다는 것을 그때 처음 알았다.

아내의 회음부 통증은 산후조리원 퇴실 후에도 이어졌다. 아내는 회음부 통증에 비하면 출산의 고통은 아무것도 아니라고 했다. 매일 좌욕을 해도 통증은 사라지지 않았다. 좀처럼 회복하지 못했다. 회음부가 속옷에 닿을 때마다 고통스러워했다. 심지어 나와 살갗이 맞닿는 것조차 힘들어했다. 아내는 임신 10개월은 조산 걱정에, 출산 후 10개월은 회음부 통증으로 힘든 시간을 보냈다. 심지어 젖몸살까지 났다.

"머리둘레가 상위 5% 안에 들려고 그랬나봐."

가끔 아내에게 첫째 머리를 만지며 우스갯소리를 한다. 첫째의 머리둘레 길이가 첫 영유아 검진 결과, 상위 3%였다. 아내가 출산할 때 수박 한 통이 나오는 느낌이라고 했는데 남편은 가늠할 수도, 감당할 수 없는 엄마의 무게고 고통이다.

윽! 상상만 해도 아랫도리가 벌렁벌렁 댄다.

산후조리원에서 시작한 아이와의 첫 교감

어느 날 문득 아내는 산후조리원 하면 무엇을 먼저 떠올릴까 궁금했다. "당신은 첫째 산후조리원 하면 뭐가 가장 먼저 떠올라?" 운전하다 말고 아내에게 카톡을 보냈다.

"사라지는 남편"

돌이켜 보니 산후조리원에 있는 동안 아내가 있는 회복실에서 수시로 사라졌다. 잠시도 가만있지 않았다. 화장실에 간다는 이유로 틈만 나면 조리원 실을 들락날락했다. 아이가 신생아실에 잘 있는지 확인하고 싶었기 때문이다. 아내에게 물 떠 온다는 핑계로, 덥다는 말도 안 되는 이유를 대고 왔다 갔다 했다.

신생아실 유리창 너머 새근새근 잠자고 있는 아들이 마냥 신기했다. 쭈글쭈글한 이목구비가 점점 뚜렷해졌다. 누가 봐도 내 아들이다. 아이가 간호사 품에서 방긋방긋 배냇짓을 하는데 어찌 안 가고 배길 수 있겠는가. 아이를 두 눈으로 직접 보니 그제야 실감했다. 이제 진짜 아빠가 되는구나.

[0~3세 아빠 육아가 아이 미래를 결정한다] 책 저자는, "부모와 자녀의 관계는 출산 직후 유대감이 좌우한다." 라고 한다. 신생아실 유리창 너머에서 아이와의 첫 교감이 시작된다. 나태주 시인의 「풀꽃」처럼 자세히 보고 자주 이름 불러야 아이와 유대감을 쌓을 수 있다. 신생아실을 수시로 들락거리며 유리 너머에 새근새근 잠든 아이에게 태명이나 이름을 불러보자. 자세히 보고 자주 봐야 사랑스럽다. 아이에 대한 꾸준한 관심이 부모와 자녀 관계를 잇는 유대감을 싹 틔운다.

수유 콜은 과감히 거절하세요

어느 날 아내는 산후조리하기 위해 간 곳인데 산후조리는커녕 쉬지도 못했다고 푸념을 늘어놨다. 만약 둘째를 낳으면 수유 콜이 오는 대로 가지 않겠다고 다짐했다.

이제 좀 쉬려고만 하면 수유 콜 벨 소리가 조리원 실에 울렸다. 아내는 수유 콜이 오는 대로 한두 시간마다 갔다. 특히 아내는 밤늦게까지 울려대는 수유 콜을 받느라 제대로 자지 못했다.

아내의 얼굴이 일주일 만에 수척해졌다. 회복이 덜 된 상태에 수유 콜을 오는 대로 받으니 쉬지 못하고 피곤이 쌓인 것이다. 산후조리원에 있는 동안 쳇바퀴 돌 듯 수유와 유축을 반복하며 2주를 보낸다고 해도 과언이 아니다. 마치 젖 짜는 기계가 된 것 마냥.

그날 밤도 어김없이 "띠리링" 수유 콜 벨소리가 울렸다. 아내에게 힘드니까 오늘만 안 가면 안 되냐고 물었다. 아내는 수유실에 가지 않으면 아이에게 미안한 마음이 든다고 했다. 오히려 "모유 수유는 당연히 해야 하는 것 아닌가?" 라고 되물었다. 모유가 많이 나와 되레 다행이라고 말했을 정도다. 아내는 산후조리원에 있는 동안 엄마 노릇에 최선을 다했다.

돌이켜 보면 산후조리원실에서 요령 피우는 것에, 일찍 단유하는 것에 미안해할 것 없었다. 초유를 먹이고 완모한 아이가 더 잘 자라는 것도 아니다. 모유량은 사람마다 다르다. 몸 상태에 따라 모유 수유가 힘든 산모도 있다. 유축기 소리만 요란한 산모가 있는가 하면 냉동실에 모유저장팩으로 가득 차 유축한 모유를 버리는 산모도 있다. 모유를 먹인다고 자부할 일도, 분유를 먹인다고 죄책감 들 일도 아니다.

수유 콜을 적당히 받자. 수유 콜을 거절해도 괜찮다. 어차피 산후조리원 생활이 끝나면 하기 싫어도 당분간 유축과 수유를 끊임없이 해야 한다. 적어도 3개월은 2시간 간격으로 새벽 수유해야 하기 때문이다. 집에 돌아오기까지 산후조리원에서의 엄마 노릇은 미루자. 엄마 노릇보다 몸 회복이 먼저다. 다시 말하지만, 2주 산후조리원 생활은 생각보다 금방 지나간다.

DNA의 힘, 어쩜 이런 것까지 빼다 박을 수가!

"애들이 엄마, 아빠를 쏙 빼다 박았네요."

DNA의 위력이랄까. 아이들이 아빠를 빼다 박았다며 놀라워한다. "제 아들이 아니에요." 라고 속이지 못한다. 누가 봐도 나의 아들이다. 도장 찍듯 빼다 박았다.

첫째는 영락없이 오빠라고 말하던 어느 날 아이들 얼굴에서 서로 닮은 모습을 찾았다. 아내는 둘째의 눈이 자기를 닮았다며 싫어했다. 지금도 "쌍꺼풀이 없는 오빠 눈을 닮았어야 했는데." 라며 아쉬워한다. 저주도 서슴없이 퍼붓는다. 젖살에 드러나지 않는 두 아들의 턱을 보고 지금부터 난리다. 아내는 두 아들이 사각턱 같다며 한숨을 내쉬었다. 내 잘못인가, 사각턱만큼은 물려주고 싶지 않았다. 의지와 상관없이 닮은 걸 어떡하라고.

두툼하고 두꺼운 손과 발

두 아들은 엄지발가락이 중지 발가락 길이보다 길다. 엄지발가락은 똥 짤막하다. 발 길이에 비해 발볼이 큰 것도 닮았다. 아무래도 두 아들도 신발 고를 때 고민하게 생겼다.

발 길이에 맞추면 볼이 꽉 끼어 답답하고, 발볼에 맞추자니 실제 발 사이즈보다 커져서 걸을 때마다 헐거워서 불편하다. 그뿐인가 손도 똑 닮았다. 손가락은 짧고 손바닥은 넓적하다. 거칠고 두툼하니 누가 봐도 피아노 치는 쭉쭉 뻗은 고운 손은 아니다. 악기를 다루는 것보다 삽질이 더 잘 어울리는 손이다. 아무래도 손가락이 짧은 두 아들은 악기 배우는 것에 불리할지 모른다. 평발을 극복한 박지성처럼 뼈를 깎는 노력의 문제다.

토끼 이빨처럼 큰 치아와 삐뚤어진 앞니

둘째 아들의 앞니는 V자 모양이다. 두 치아가 맞닿아 있는 부분이 입 안쪽으로 향해있다. 어찌해서 V자 모양으로 삐뚤어진 앞니까지 닮았을까. 놀라운 것은 모양뿐만 아니라 크기도 닮았다. V자 모양은 내 아버지, 앞니 크기는 내 어머니의 유전자를 가져간 게 틀림없다. 부모님의 모습이 겹쳐 보일 때면 유전자의 힘은 실로 대단하다는 것을 새삼 느낀다.

절벽 같은 납작한 뒤통수에 비뚤어지기까지

심지어 납작한 뒤통수까지 닮았다. 고등학생 때 이발비를 아끼려고 바리깡으로 6mm나 12mm로 밀고 다녔다. 머리를 짧게 밀었더니 가파른 절벽 같은 뒤통수의 민낯이 고스란히 드러났다. 고등학생 때 머리발이 안 서서 창피했는데 아들 역시 외모에 민감할 나이에 머리발로 고민하게 생겼다. 굳이 납작한 뒤통수의 좋은 점을 꼽자면 아들도 베개 없이도 편히 누워 잘 수 있겠다. 신생아 머리는 만지는 대로 만들어진다지만 아무리 자는 머리 방향을 바꿔도, 예쁜 두상을 만드는 베개를 사용해도 소용없었다. 아이들 머리 모양만큼은 노력으로 DNA를 이길 수 없었다.

가늘고 힘없는 머리카락

설마 탈모는 아니겠지? 어쩌면 두 아들도 탈모를 고민할지 모른다. 다섯 살 둘째의 가는 머리카락과 훤히 보이는 정수리가 벌써부터 걱정이다. 사실 아버지도 머리숱이 적고 머리가 훤히 들여다보인다. 할아버지도, 심지어 외할아버지도. 우스갯소리로 탈모는 한 대를 건너뛴다고 하지만 슬프게도 두 아들은 피할 길이 없다. 피할 수 없으면 즐기라는데 탈모만큼은 즐기지 못할 일이다. 부디 유전자가 화룡점정이 아니길 빌 뿐이다.

아이는 부모의 거울

무심코 거울을 보다가 아버지의 모습이 겹쳐 보일 때면 소스라치게 놀란다. 문제는 나이 들수록 외모뿐만 아니라 말투와 행동까지도 닮아간다. 가끔 아이에서 나의 어린 시절이 보일 때가 있고, 아이를 대하는 모습에서 어린 시절 나의 아버지 모습이 보일 때가 있다. 그럴 때마다 아이는 부모의 거울이라는 말을 새삼 느낀다. 부모와 자식은 서로를 비추는 거울이 아닐까.

어린 시절 부모로부터 상처받은 내면 아이가 있는가? 당신의 어린 시절 최초의 기억을 떠올려보면 어린 시절 웅크린 내면 아이를 발견할 수 있을 것이다. 나의 생애 최초 기억은 부모님 싸우는 소리에 숨죽이며 벌벌 떨고 있는 7살 아이의 모습이다. 옴짝달싹 못 하고 방에서 이불을 뒤집어쓰고 있다.

생각해 보면 어린 시절 엄마 아빠의 크고 작은 다툼을 목격했다. 부모님의 잦은 다툼은 슬픔과 두려움, 죄책감을 느끼게 했다. 아버지에 대한 원망과 분노가 커갔다. 어린 시절 아버지에게 받은 상처는 과거에 멈춰 현재에도 영향을 준다.

아버지는 완고한 성격에 자기주장이 강하다. 다른 사람의 의견과 상대방의 기분은 중요하지 않다. 아버지의 말투나 대화 패턴은 나만 옳다는 식이다. 어차피 말해봤자 핀잔만 줄게 뻔하니 어려서부터 입을 닫았다. 아버지에게 혼나지 않으려고 눈치만 살폈다. 귀신같이 남 눈치만 살피는 말 잘 듣는 착한 아이로 컸다. 문제는 어른이 돼서도 크게 달라지지 않았다. 다른 사람들과 의견이 다른 것이 불편하고 두려워 나의 감정과 욕구를 억누르고 살았다.

부모는 자녀에게 유전자뿐만 아니라 삶의 패턴까지 물려준다는 것을 새겨야 한다. 아이의 성격은 타고난 기질을 바탕으로 부모와 상호작용을 하며 만들어진다. 부모를 모방하고 학습하기 때문이다. 부모의 정서와 가치관, 행동 방식은 자녀의 삶에 영향을 주기 때문에 자녀에게 대물림되거나 "죽어도 아버지처럼 안 살 거야." 노력하며 살게 되는 것이다. 아버지처럼 살지 않을 거라고 단언했지만 쉽지 않다는 것을 알게 되었다.

가끔 싫었던 아버지의 행동을 하고 있을 때가 있다. 규칙과 예의에 엄격하고 아이들이 말을 듣지 않으면 완력으로 통제한다. 자기표현에 서툴기 때문에 부정적인 감정을 다루지 못한다. 아이들에게 쉽게 짜증을 내고 사소한 일에 화를 낸다. 나쁜 감정을 그때그때 흘려보내야 하는데 참다 참다 폭발하는 것이다. 아버지의 그림자가 아이들을 키우는 데 걸림돌이 될 줄이야 꿈에도 몰랐다. 아이도 나도 상처다. 나처럼 아들의 상처도 다음 세대에 이어지겠지.

    부모 탓만 할 수 없다. 그럼에도 불구하고 악순환의 고리를 끊어야 한다. 심리학자 아들러는 삶의 패턴 즉, 생활 방식은 개인의 의지와 노력에 따라 충분히 바꿀 수 있다고 한다. 솔직히 오랜 세월 동안 만들어진 성격, 가치관, 삶의 패턴을 바꾸기란 쉽지 않다. 하지만 더 나은 부모를 위해 스스로 생각하고 노력하다 보면 기필코 변화하리라 믿는다. 아들러는 말했다. 변화는 자신에게 달려있다고. 자녀에게 악순환의 대물림은 물려주지 말자.

아이를 위한 첫 결정, 아이 이름 짓기

 나는 이름이 두 개다. 부모님이 오성이라는 이름이 좋지 않다고 하던 어느 날, 아버지는 학교를 마치고 곧장 이웃집 아주머니가 운영하는 가게로 오라고 했다. 영문도 모르고 가게에 갔던 기억이 난다. 부모님은 처음 보는 낯선 어르신과 함께 있었다. 길게 늘어트린 수염, 상투 튼 머리와 갓을 한 모습에 흠칫 놀랐다. 그날부로 작명가가 지어 준 현승이란 이름으로 살고 있다.

 부모님이 어떤 마음으로 내 이름을 지었을지 첫째의 이름을 지으면서 알게 되었다. 자식 잘 되길 바라는 마음은 누구보다 컷을 것이다.

 첫째 이름을 짓던 어느 날 아버지와 말다툼이 오고 갔다. 아버지는 아이의 성공을 위해 사주 풀이가 좋은 이름으로 지어야 한다고 했다. 어찌 성공이 좋은 사주 하나 때문이겠는가. 좋은 사주로 이름을 지어야 성공할 수 있다는 아버지 말에 동의할 수 없었다. 막무가내로 사주를 고집하는 아버지가 불편했다. 그까짓 이름 짓는 게 뭐라고.

"사주가 그렇게 중요한가요?"

아버지는 사주가 좋지 않으면 성공하지 못한다며 역정을 냈다. 태어난 지 한 달도 안 된 아이의 앞날을 단정하는 아버지 태도에 화가 났다. 사주가 좋아야 성공한다는 아버지 말을 도저히 이해할 수 없었다. 아내와 상의해서 아이 이름을 짓겠다고 하자 아버지는 아무것도 모른다며 되레 버럭 화를 냈다. 속으로 화낼 일인가 싶었다. 자식 이름 하나 마음대로 지을 수 없다는 생각에 답답했고, 믿고 맡겨주지 않아 서운했다. 결국 참다못해 아버지에게 모진 말을 쏟아붓고 말았다.

"어떻게 좋은 사주만으로 성공할 수 있어요."

아버지에게 한마디 똑 쏘아붙이며 되받아쳤다. 순간 거실 공기가 얼어붙었다. 아버지는 아랑곳하지 않았다. 아버지는 되레 사주와 상관없이 이름을 짓는다고 핀잔을 줬다.

"너처럼 자식 이름을 막 짓는 게 아니야."

"사주와 한글 발음, 한자 뜻, 음양오행의 조화, 한두 가지 맞춰서는 완벽한 이름이 아니다. 사주가 좋아야 자녀가 성공하는 거야."

아버지는 자기 할 말만 했다. 말할 틈도 주지 않고 같은 말만 반복했다. 그날 아버지와 대화하는 건지 작명소에 앉아 있는 건지 도통 알 수 없었다.

며칠이 지나 아버지는 손바닥만 한 종이를 보여줬다. 아버지는 이미 계획이 있었다. 두세 권의 작명 책을 보여주며 손자를 위해 공부했다며 자랑했다. 얼마나 썼다 지웠으면 종이가 누더기가 되었을까. 아버지는 종이를 보여주면서 어떤 이름이 마음에 드는지 물었다. 하지만 아버지의 질문은 내 생각과 의견을 묻는 게 아니다. 아버지 마음속에 이미 정해둔 이름이 있었다. 아버지가 보여준 이름은 하나같이 마음에 들지 않았다. 아버지는 마음에 든 이름을 밀어붙이고 나는 버텼다.

출생신고 기한을 며칠 안 남기고 있던 어느 날, 아버지는 이름을 다시 지어 봤다며 꼬깃꼬깃 접힌 종이를 보여줬다. 무심코 넘긴 뒷장에 처음 보는 이름이 눈에 들어왔다. 아내에게 바로 연락해 이름이 어떠냐고 물었다. 아내와 나는 "유호"라는 이름이 마음에 들었다. 하지만 두 줄로 죽죽 그어져 있는 것을 보니 아버지는 마음에 들지 않았던 모양이다. 아니나 다를까 아버지는 유호 이름도 100% 좋은 사주는 아니라고 했다.

출생신고 기한이 얼마 남지 않아 더는 미룰 수 없었다. 세상에 완벽한 사주가 어디에 있느냐고 빡빡 우기며 아내와 나는 아버지가 지어 준 이름 중에 가장 마음에 드는 이름을 고르기로 했다.

유(維), 호(鎬) 한자 뜻을 보면 아버지가 얼마나 손자의 성공을 바라는지 알 수 있다. 호의 한자 뜻이 중국 주나라 발생지라고 한다. 뜻풀이하자면 세상의 지도자가 되라는 뜻이다. 어쨌든 사주 풀이만 보면 첫째는 크게 될 사람이다.

이왕이면 사주 좋은 이름으로 짓는 게 좋을 것이다. 그렇다고 한들 사주대로 사는 사람이 얼마나 될까. 사주가 사람의 인생에 얼마나 영향을 미칠 수 있을지 의문이다. 아이의 성공과 행복한 삶은 좋은 사주에 있지 않다고 생각한다. 사주보다 이름 풀이처럼 키우려는 부모 역할이 더 중요하다고 믿는다.

왜 어느 하나 부족함 없는 이름을 지으려고 할까. 세상이 얼마나 강퍅하고 살기 힘들면 또 그럴까. 자녀의 이름에는 사주의 힘을 빌려서라도 성공하고 행복하길 바라는 부모 마음이 깃들어 있다. 돌이켜 보면 왜 그리 모진 말로 아버지에게 상처를 줬는지 모르겠다. 아버지와 오갔던 불편한 감정을 떠올리면 아버지에게 죄송하다. 이 글을 빌려 아버지에게 죄송했다고 말하고 싶다. 손자 생각하는 너머에 자식 걱정하는 아버지 마음이 있다.

가장 힘들고 어려운 직업은 부모다

　당신은 세상에서 힘들고 어려운 직업이 무엇이라고 생각하는가. 누구나 현재 자기가 하는 일이 힘들다고 한다. 솔직히 아이를 낳기 전까지는 사회복지사가 힘들다고 생각했다. 아이를 낳고 부모가 되니 너 같은 자식 키워보라는 아버지가 한 말의 의미를 알게 되었다. 너도 언젠가 부모가 되어 엄마 아빠 심정을 알아주면 좋겠다는 말인지 몰랐다. 자식 키우는 일은 힘들고 어려운 일이다.

　세상에 키우기 쉬운 아이는 없다. 아이가 밤새 깨지 않고 다음 날까지 통잠을 잔다거나, 부모가 말하기 전에 알아서 척척 자기 할 일을 해낸다거나, 자기 조절 능력이 뛰어나 마트 바닥에 대자로 누워 생떼 한 번 쓰는 일이 없다면 아이를 키우는 게 쉽다고 말할 수 있을 것이다. 하지만 눈꼴사나운 행동 하나만으로도 감정 조절 안 되는 것이 부모다. 부모라는 이유만으로 버거울 때가 있다. 아빠라는 두 글자에 짊어져야 할 가장으로서의 무게감은 생각보다 컸다.

육아는 신체적 건강뿐만 아니라 멘털까지 뒤흔드는 위험한 일이다. 직장은 야간 근무를 하면 교대로 쉴 수 있다. 하지만 아이를 돌보는 일은 적어도 아이가 통잠 자기 전까지 수면의 질은 포기해야 한다. 첫째 때 남들이 말하는 100일의 기적은 없었다. 밤낮을 가리지 않고 우는 것은 기본이고, 새벽에 2시간마다 칼같이 깼다. 새벽마다 우는 아이를 달래고 안아주느라 제대로 잠을 잘 수 없었다. 달랜다고 바로 잠드는 것도 아니다. 한 번 잠에서 깨면 다시 잠들기까지 시간이 오래 걸렸다. 새벽 수유가 이어지면서 늦잠 한번 늘어지게 자보는 것이 소원이었다.

부모는 무보수로 아이를 키운다. 아이를 돌본다고 보상이 주어지는 것이 아니다. 아동수당을 받고 있지만 아이를 키우는 데 쓰이는 돈이며 충분치도 않다. 아무리 3D 직업이라도 노동에 따른 보상은 주어지기 마련인데 무보수에 부모의 희생과 책임만을 요구한다. 부모라는 이유로 헌신하고 희생한다.

부모가 되면 약했던 비위도 좋아진다. 똥 기저귀를 갈아주다 보면 없는 능력이 생긴다. 아이의 황금 똥을 보고도 비위가 상하던 아내가 이제는 똥 씻기는 일에 무던해졌다. 똥 기저귀를 갈고 엉덩이를 씻길 때 손에 전해지는 미끄덩한 느낌은 경험해 본 사람만 안다. 손톱과 결혼반지 사이로 똥이 낄 때면, 아무리 귀엽게 보이는 황금 똥이라도 소스라치며 손을 털게 된다. 아이가 모유를 떼고 이유식을 먹기 시작하면 마음의 준비를 해야 한다. 온전한 사람의 똥이니 놀라지 말길. 기저귀 갈다 분사된 똥 먹은 아내와 생수병에 오줌 받아놓고 물인 줄 알고 마신 흑역사를 길이길이 잊지 못한다.

세 살까지는 몸으로 때워야 한다. 그렇다고 해서 정신적으로 덜 힘든 것은 아니다. 하지만 네다섯 살 때 경험하는 멘탈을 뒤흔드는 위협까지는 아니다. 한 가지 조언하자면 세 살 전까지 모든 통제권은 아이에게 있다. 부모가 선택하고 결정할 수 있는 일이 없다. 차라리 세 살까지는 죽었다고 생각하고 아이를 키워야 속 편하다. 부모 욕구보다 아이 욕구가 먼저라는 사실을 인정하고 받아들여야 통제할 수 없는 상황에 대해 스트레스를 받지 않는다. 지금 생각하면 차라리 잠 못 자는 젖먹이 육아가 쉬웠다. 자고 있을 때 가장 이쁘다는 말을 왜 하겠는가.

아이가 네다섯 살이 되면 감정 노동이 더해진다. 드디어 올 것이 왔다. 마음 단단히 먹어야 한다. 아이는 뭐든 스스로 하려 들고 주도하려 한다. 발달심리학자 에릭슨이 말하는 자율성과 주도성을 획득하는 시기이다. 본격적으로 힘겨루기가 시작될 것이다. 세 살 전까지 하염없이 사랑스럽던 행동들이 이제는 꼴을 지켜볼 수 없다. 부정적인 감정을 잘 다스리지 못하면 순간 올라오는 화를 참지 못하고 짜증 내는 말을 뱉고 말 것이다. 부모의 자존감이 바닥 칠 때다.

부모는 처음이라서

부모는 본능적으로 아이를 키운다. 첫째가 돌 되기 전, 새벽에 뒤척이거나 잠에서 깨면 잠결에 눈이 번쩍 떠졌다. 알아서 잠귀가 밝아졌다. 2시간마다 수유해야 한다는 생각에 귀가 열린 것이다. 새벽에 도통 일어나지 못하는 아내를 대신해 첫째 새벽 수유를 도맡아 먹였다. 새벽 수유를 하려고 2시간마다 일어났다. 지금도 새벽 수유를 했던 때를 떠올리면 신기할 뿐이다. 어쩌면 첫아이라 가능했을지 모른다. 한 살이라도 젊었으니까.

하지만 아이가 네다섯 살만 돼도 상황이 달라진다. 본능적으로 해온 일에 한계를 느낀다. 만약 아이를 자주 다그치고 이유 없이 미워 보이면 한 단계 끌어올릴 시기다. 좋은 부모는 본능이 아닌 더 나은 부모가 되려는 각오를 다지며 노력한다. 배워야 아이 키우는 일에 조바심이 나지 않는다.

누구나 좋은 부모를 꿈꾼다. 하지만 부모가 처음이라 어떻게 아이를 키워야 할지 막막하다. 아이를 잘 키우고 싶은 마음에 육아 관련 교육 서적을 닥치는 대로 읽었다. 하지만 읽으면 읽을수록 혼란만 더했다. 되레 많은 육아 정보는 독이 됐다. 어떤 육아법이 아이에게 맞는지도 알 수 없다. 육아 책에 나오는 사례나 <금쪽같은 내 새끼>처럼 아이가 드라마틱하게 달라지는 것도 아니다.

세 아이를 키워보니 내 아이와 딱 맞는 육아법은 존재하지 않았다. 첫째를 키운 노하우가 꼭 둘째를 키우는 데 도움 되는 것도 아니다. 한 명 한 명에게 맞는 육아법을 발견해야 한다. 육아 책에 나오는 사례는 참고할 뿐이다. 성공이든 실패든 경험을 쌓는 일이 중요하다. 시도하고 체득하면서 내 아이에게 맞는 자신만의 노하우가 생기고 내공이 쌓이는 것이다. 아이마다 다른 나만의 육아 매뉴얼을 만드는 것이 중요하다.

처음부터 잘하는 부모는 없다. 그 사실을 인정하고 받아들여야만 스스로 완벽의 잣대를 들이대지 않는다. 아이는 완벽한 부모보다 온전한 부모를 원한다. 단지 부모는 아이가 부모의 울타리에서 벗어나 자립할 때까지 끊임없이 배울 뿐이다. 좋은 부모는 아이와 함께 성장한다. 부모가 노력하고 변하는 만큼 아이들은 자란다. 처음부터 좋은 부모는 될 수 없는 법이다.

둘째의 기억

2018년 6월 여름, 아내와 3박 4일 제주도 여행을 떠났다. 첫째가 태어난 후로 단둘이 떠난 여행은 처음이다. 전날 캐리어에 짐을 쌀 때부터 이유 없이 설렜다. 광주공항에 도착하자마자 그간 육아로 잠든 연애 세포가 팔딱팔딱 깨어나기 시작했다. 마치 타임머신을 타고 연애하는 때로 돌아간 듯했다. 흠, 제주도에 도착하자마자 이대로 시간이 멈췄으면 좋겠다고 생각했다.

여행 셋째 날은 하루 종일 비가 내렸다. 하지만 모처럼 허락된 둘만의 시간에 비는 중요한 문제가 아니다. 아내와 나는 쏟아지는 비를 뚫고 계획한 여행 일정을 소화했다.

비를 피할 겸 맛집으로 유명한 커피숍에 갔다. 빨간 페인트칠이 된 돌에 새겨진 풍림 다방 글자가 멀리서도 한눈에 들어왔다. 낡은 슬레이트 지붕과 현무암 돌담에 핀 수국이 예뻤다. 주룩주룩 슬레이트 지붕으로 떨어지는 빗소리는 커피숍 분위기를 한껏 운치 있게 했다. 주문한 지 얼마 지나지 않아 녹색 커피잔에 풍림

브레붸, 파란 커피잔에 풍림 티라미슈가 나왔다. 어쩜 잔도 이쁘니. 커피 맛을 더 풍미 있게 했다.

우두둑 슬레이트로 떨어지는 빗소리를 들으며 차를 마셨다. 한창 빗소리에 젖을 때 아내가 갑자기 포스트잇을 내밀었다. 아내는 앞으로의 계획을 써보자고 했다. 평소 아내와 커피숍에 가면 서로 하고 싶은 말을 써서 바꿔 읽곤 했다. 무슨 말을 썼는지 기억나지는 않지만 얼굴을 포스트잇에 박고 뭔가를 열심히 쓰긴 썼다.

"선물이야."

아내가 노란 서류 봉투를 쓰윽 내밀었다. 속으로 무슨 선물을 서류 봉투에 주나 싶었다. 솔직히 선물이라고 하기에는 포장이 허술했다. 순간 퇴근길에 아버지가 사 오는 붕어빵이 생각나서 웃음이 터지고 말았다. 장난스럽게 봉투를 받아 열었다.

임신 테스트기다.

네가 왜 거기서 나와. 그토록 기다렸던 둘째 소식에 순간 눈이 동그래졌다. 사실 둘째는 첫째와 달리 계획 임신이었다. 간절히 둘째 소식을 기다렸기 때문에 더 기뻤다. 아내와 함께 첫째와 둘째가 3년 터울이면 좋겠다고 생각했고, 3년 터울을 만들기 위해 아내와 나는 밤낮을 가리지 않고 사랑했다. 하지만 임신이 계획대로 되지 않는다는 것을 둘째 때 알았다. 놀란 것을 보면 첫째와의 3년 터울을 체념하고 있었는지 모른다. 갑작스러운 둘째 임신 소식은 결국 무장 해제시켰다.

"진짜 임신이야?"

믿기지 않는다는 표정을 지으며 환하게 웃는 아내를 안았다. 솔직히 지금에서야 말하지만 임신 테스트기를 보자마자 첫째 임신 때가 떠올랐다. 속으로 기회다 싶었다. 사실 둘째 임신 테스트기를 받으면 당황하지 않고 제대로 반응해야지 벼르고 있었다. 그렇다 하더라도 임신 테스트기 두 줄은 뇌를 멈추게 만든다. 제주도가 아니었으면 어쩔 뻔했는가. 후드득 떨어지는 빗소리와 카페 분위기가 살렸다.

전주의 "주", 제주도의 "주" 둘째 태명을 "주주"로 지었다.

아이를 키우면서 비로소 알게 된 것들

임신 전부터 준비하기

임신은 계획대로 이루어진다는 보장이 없다. 아이는 어느 날 갑자기 바람처럼, 운명같이 불쑥 찾아오기 때문이다. 그렇다고 해서 임신을 계획하고 준비하지 않아도 된다는 말이 아니다. 임신을 준비하는 것과 그렇지 않은 것은 차이가 있다. 마음가짐부터 다르다. 임신하기 전에 몸과 마음을 준비하는 시간이 필요하다.

임신은 엄마의 노력만으로 되지 않는다. 남편도 아내 못지않게 준비해야 한다. 건강한 정자를 만들기 위해 평소 생활 습관을 개선해야 한다. 식단 관리, 운동, 영양제까지 꼼꼼하게 챙겨 먹어야 한다. 하지만 아내가 임신 전 금주와 운동을 권했는데도 시도조차 하지 않았다. 만약 첫째 임신 전으로 돌아갈 수 있다면 행복한 임신과 건강한 출산을 위해 준비할 것이다.

태교에 적극적으로 참여하기

태아는 엄마 뱃속에서 열 달을 보내면서 지능과 감성을 키운다고 한다. 대화는 좌뇌와 우뇌 골고루 발달시킨다. 태아는 남자 목소리를 더 잘 듣기 때문에 남편이 태교해야 효과 있다.

매일 밤 태명을 부르며 일상적인 대화를 시도해 보자. 목소리를 자주 들려주고, 자장가를 불러 주고, 책을 읽어주면서 태아와 교감하자. 사실 다른 것은 필요 없다. 아내에게 튼살 크림이나 오일을 선물하자. 매일 밤 불어오는 배와 부은 종아리를 마사지해 주면 태교에 효과가 있다. 아내가 고마워할 것이다.

아이를 갖기 전 충분한 부부의 시간 갖기

만약 첫째 태어나기 전으로 돌아갈 수 있다면 아이 없는 신혼 생활을 충분히 가지겠다. 아이가 태어나면 사실상 둘만의 시간을 가지기란 쉬운 일이 아니다. 아내와 여행 다니고 같은 취미 생활을 하고 싶다. 시간이 지나고 보니 아내와 단둘이 보내는 시간은 아이가 태어나고 점점 줄어든다. 언제 단둘이 커피숍에 갔는지, 영화는 또 언제 봤는지. 둘만의 시간이 목마르다.

세 살까진 무조건으로 사랑하기

아이를 키워보니 세 살까지 무조건 사랑해야 한다. 아이는 존재 자체만으로도 가슴 벅차다. 자식은 눈에 넣어도 안 아프다는 말이 있다. 탯줄을 자르던 순간을 떠올리면 감동이다. 건강하게 태어나준 것만으로 감격했고 또 감사했다. 존재만으로 사랑이 샘솟으니 제발, 세 살까지만이라도 무조건 사랑하라. 더 안아주고 사랑한다고 자주 속삭이자. 어떻게든 아이와 시간을 보내야 한다. "엄마, 아빠는 나를 사랑하고 있구나!" 느끼도록 말이다.

네다섯 살부터 인간다움 기르기

네다섯 살부터 사랑하지 않아도 된다는 말이 아니다. 본격적으로 제한 두기와 협상하기를 할 시기다. 네다섯 살이 되면 가지고 싶은 것도 원하는 것도 많아진다. 아이와의 힘겨루기가 불가피할 수밖에 없다. 뭐든 스스로 하기를 원하고 자기가 주도해야 직성이 풀리기 때문에 한계를 정해주고 제한을 둬야 한다. 원한다고 해서 다 할 수 있는 것이 아니라는 것을 가르치자. 아이의 요구를 다 들어주면 자기 멋대로 말하고 행동하는 아이로 크게 된다. 네다섯 살은 인간다움을 가르칠 때다.

아이를 통해 과거의 나와 마주하기

두 아들을 보면 나의 어린 시절이 생각난다. 마치 타임머신을 타고 과거의 나를 마주한 느낌이다. 가끔 웅크리고 있는 내면아이가 말을 건네기도 하는데 이는 미해결 된 마음에 흉터로 남아 있기 때문이다. 어느 날 아이의 살과 살을 맞대자마자 마음이 편안해졌다. 마치 상처가 아무는 느낌이 들었다. 그때부터 마음이 지치거나 힘들면 아이들을 꼭 안는다. 마흔이 넘는 나이지만 부모의 인정과 따뜻한 말, 스킨십을 바라고 있었는지 모른다. 어린 시절 상처는 나를 무조건 받아주는 아이들을 통해 치유될 수 있다는 것을 배웠다.

과거의 부모의 실수를 이해하기

아이를 키우면서 부모님을 이해하게 된다. 부모가 돼서야 완벽한 부모는 없다는 것을 깨달았다. 가끔 아이들을 대하는 내 모습에서 어린 시절 아버지의 모습이 보일 때가 있다. 그럴 때마다 아빠처럼 절대 살지 않을 거라고 말했던 과거의 나와 마주한다. 인정하고 싶지 않지만 아이는 나와 부모님과의 연결고리다. 부모님의 실수를 대물림하지 않기 위해서라도 부모님의 실수를 이해하고 수용해야 한다.

아이는 부모님과의 관계를 회복하는 다리

부모님 댁에 아이들을 데리고 가면 웃음꽃이 핀다. 신기하게도 결혼 전 대화가 없고 어색하기만 했던 집안 분위기가 아이 하나로 달라졌다. 비록 아이들에 관한 이야기가 주를 이루지만 아버지와 대화하기 시작했다. 아이들을 위해서라도 아버지와 좋은 관계를 유지하려 애쓴다. 아이는 부모님과의 관계를 회복하는 존재 그 이상이라는 것을 실감하고 있다. 냉랭했던 아버지와의 관계가 서서히 녹고 있다.

육아는 아이와 함께 성장하기

부모는 처음이라 누구나 실수하기 마련이다. 아무리 육아 전문가의 말에 따라 아이를 키우더라도 이론과 현실의 차이는 또 다른 차원의 문제다. 내 아이에게는 어림없는 소리일 때가 있다. 아이는 의도한 대로 따라오지 않는다. 아이에게 좋은 부모가 되지 못했다고 좌절하거나 자책하지 말자. 자전거를 타려면 몇 번이고 넘어져야 하는 것처럼 육아도 실수를 반복하고 한계를 느껴야 성장할 수 있다. 콩시루에 콩이 자라듯 아이들과 함께 매일매일 조금씩 성장한다고 믿자. 부모도 부모는 처음이다.

사랑의 또 다른 얼굴, 책임지기

통금시간에 얽매지 않고 친구들과 놀고 싶지만 현실은 그렇지 못하다. 육퇴 후 혼자 마시는 맥주 한 캔이 전부다. 그마저도 피곤해서 아이를 재우다가 잠들고 만다. 가끔 주말에 혼자 배낭을 메고 훌쩍 떠나 산에 오르고 싶지만 세 아이를 아내에게 맡기고 갈 수 없다. 아이를 키워보니 하고 싶은 것들에서 가족의 공동 욕구들로 대체된다. 하고 싶은 일을 미룰 수밖에 없다. 현실을 받아들이고 기꺼이 가족의 공동 욕구에 맞추자. 하고 싶은 일을 당장 못 한다고 슬퍼하거나 노여워하지 말아야 우울하지 않다. 지금 나의 무대는 가족이라고 생각하자.

바람처럼 운명같이 내게 온 셋째

지금 생각해 보면 몇 가지 일들이 셋째 임신을 암시라도 하듯 벌어졌다. 지난 일들을 돌이켜보면 지금도 소름 돋는다. 셋째는 바람처럼 운명같이 다가왔다.

2019년 4월, 친구네 부부와 동생네 부부와 식사했다. 동생네 부부가 둘째 임신 소식을 전하기 위해 자기 집으로 초대한 자리였다. 공교롭게도 나중에 안 사실이지만 그날 우리 가족만 빼고 모두 임신 중이었다. 셋째 임신한 줄도 모르고 말이다.

저녁 식사를 마치고 도란도란 앉아 육아 이야기를 나눴다.

"신생아 때는 수면과의 전쟁이다.", "100일의 기적을 기대하지 마라.", "아이가 세 살까지는 죽었다고 생각하고 육아에만 전념하라.", "육아는 아이템 빨이다."

한창 이야기꽃을 피울 때쯤, 대화 주제가 태몽으로 바뀌었다. 친구가 며칠 전 꿈을 꿨다고 호들갑 떨었다. 친구는 꿈속에서 아내와 내가 어떤 아이를 안고 유아 세례를 받고 있었다며 태몽이 아니냐고 물었다. 에잇 설마. 친구에게 "유호 아니면 지호겠지?"라고 되물었다. 친구는 분명 첫째 둘째는 아니라고 했다.

"그럼 개꿈이네."

친구의 말을 웃어 넘겼다. 보통 태몽은 동물이나 사물, 과일 꿈이지 않나. 그렇더라도 신기하기는 했다. 사실 종종 아내와 셋째 이야기했다. 하지만 셋째도 아들일지 모른다는 생각에 엄두 내지 못했다. 그날 로또나 살 걸 그랬나.

혹시⋯⋯ 설마 셋째는 아니겠지?

"오빠, 예정일이 지났는데 생리를 안 하네."

친구의 꿈을 듣고 찜찜해하던 어느 날 아내가 며칠이 지나도 생리를 안 한다고 걱정했다. 아내의 말을 듣는 순간 등골이 오싹했다. 겉으로 내색하지 않으려고 애썼다. 하지만 혹시나 하는 마음에 가슴이 덜컥 내려앉았다. 진짜로 임신한 것 아니야? 친구 꿈이 진짜 태몽이었던가, 혼자 별의별 생각이 다 들었다.

느낌은 싸했지만 그럴만한 이유가 있었다. 생리가 늦어져도 전혀 이상한 일이 아니었다. 육아 스트레스로 인해 단순히 늦춰졌다고 생각했다. 그때 코로나-19 확산으로 사회적 거리 두기 3단계였다. 아내는 3주 동안 다섯 살, 13개월인 두 아들을 어디 나가지도 못하고 집에서만 돌봐야 했다. 육아 스트레스가 적잖게 쌓인 상태였기 때문에 하루 이틀 생리가 늦어지는 것은 이상한 일이 아니었다. 설마 설마 했다.

결국 휴교에 들어갔고 4일 재택근무를 하게 됐다. 그때 처음으로 임신을 확신했다. 아내는 마치 잠자는 숲속의 미녀처럼 잠만 잤다. 한번 잠이 들면 일어날 생각을 안 했다. 재택근무를 하는 동안 업무 처리는 고사하고 아내를 대신해 두 아들을 돌봐야 했다.

아내는 병든 닭처럼 배슬배슬 잠만 잤다. 평소 같으면 육퇴 후 TV를 보거나 마사지해 달라고 했을 텐데 아이를 재우다가 잠이 들어 다음날까지 한 번을 깨지 않고 잤다. 그때 적막한 거실에 덩그러니 혼자 남아 혹시 임신인가 곱씹어 생각했다. 춥다며 온몸을 이불로 꽁꽁 싸맬 때부터 알아봤어야 했다.

이미 셋째 예비 아빠였다.

어느 날 아내가 저녁 준비를 못 하겠다며 대충 때우자고 했다. 아내가 치킨 두 마리를 시켰다. 배달 온 치킨을 식탁에 내려놓을 때 첫째가 소리쳤다.

"이게 뭐야?"

첫째의 시선을 따라갔다.

"2020.3.24. am 8:37"

날짜와 시간이 적힌 임신 테스트기가 식탁에 놓여있었다. 어느 때보다 선명한 두 줄을 보고 그제야 크게 웃었다. 십 년 묵은 체증이 내려간 것처럼 속이 시원했다. 마지막 퍼즐이 맞춰졌다.

생각해 보면 예비 셋째 아빠처럼 굴었다. 피곤해하는 아내에게 아무것도 안 해도 되니 누워만 있으라고 했다. 웃긴 것은 두 아들이 아내 배 위에서 장난치는 꼴을 못 봤다. 아내를 대신해 빨래, 설거지, 식사 준비를 하고 아이들을 돌보았다. 본능적으로 셋째 아빠가 될 거라는 것을 알았는지 모른다.

기쁨도 잠시, 마냥 좋지는 않았다. 한창 새로운 일자리를 알아보던 아내에게 미안한 마음이 들었다. 끝난 줄 알았던 젖먹이 육아를 또다시 해야 했다. 누구의 아내, 누구의 엄마로 살지 말고, 당신의 이름으로 살라고 브런치에 글을 썼는데 괜스레 마음에 걸렸다. 눈물을 글썽거리는 아내를 말없이 안을 수밖에 없었다.

"여보, 바람같이 운명처럼 찾아온 아이들 잘 키워봐요. 셋째는 운명인가 봐."

2장

/

찐아빠 육아

찐아빠는 만들어가는 것이다

　알쓸신잡 3 [인노첸티 고아원] 편 유튜브 동영상을 봤다. 유시민 작가와 김영하 작가가 [인노첸티 고아원]을 소개하는 짤막한 편집 영상이다. 김영하 작가는 500년 넘게 아이를 찾기 위한 증표들을 보관하고 있다며 놀라워했고 옆에서 눈시울을 붉히던 유시민 작가는 곧이어 고아원 도큐멘테이션을 소개했다. 고아원에서 자라 독립한 사람들의 인터뷰 영상을 모은 것이다.

　"가족이란, 여러분이 만들어가는 거예요."

　영상 속 파올라가 한 말이다. 파올라는 양부모를 만나 사랑받으며 자랐다. 그러던 어느 날 친부모가 파올라를 찾아왔고, 법원 결정에 따라 친부모가 사는 한국으로 가야 했다. 하지만 파올라는 친부모와 함께 사는 동안 행복하지 않았다고 한다. 친부모는 양부모와의 삶을 인정해 주지 않았을뿐더러 제대로 보살피지도 않았다. 어떻게 파올라가 폐렴으로 입원한 석 달 동안 한 번밖에 안 갈 수 있나. 영상을 보면서 한국에 왜 데려갔는지 이해할 수 없었다.

교육복지사의 일을 시작한 지 10년 차다. 주로 만나는 아이들은 무단결석, 수업 방해, 반항 같은 행동을 보이며 타인을 적대적으로 대하고 공격하거나 우울, 불안, 무기력 같은 심리적 문제로 지나치게 소극적인 특징을 갖는다. 서로 다른 행동 양상을 보이지만 학교생활 적응이 어렵고 친구 관계가 좋지 않다. 학교에서 문제아, 힘든 아이라고 낙인찍혀 있는 아이들을 상담해 보면 가정환경은 말할 것도 없다.

아이들을 상담하면서 아이의 잘못이 아니라는 결론을 내렸다. 부모의 양육 태도와 가정환경에 영향을 받았다. 대체로 부모의 사랑과 인정이 결핍되었다. 부부 갈등으로 어릴 때부터 심한 불안과 우울감을 느끼거나, 부모 역할의 부재로 인해 안정적이지 못한 가정환경에서 자랐다. 오히려 부모가 아이의 문제 행동을 키우고 부추겼다. 어쩌면 문제 행동이라고 불리는 아이들의 행동은 주어진 환경과 바람직하지 못한 부모와의 상호작용에서 나름 살기 위한 처절한 몸부림일지도 모른다. 아이들은 단지 부모로부터 온전한 사랑을 받기 원한다. 따뜻한 관심과 적절한 돌봄을 바랄 뿐이다.

세상에 제 자식을 사랑하지 않을 부모가 어디 있을까. 부모라면 첫아이를 품을 때 남부럽지 않게 키워보겠다고 다짐한다. 하지만 2020년 정인이 사건의 슬픔이 아물기도 전에 아동 학대 사건이 연이어 터지는 것을 보면 배 아파 낳는다고 모두 부모가 되는 것은 아니다.

어떻게 하면 아이를 잘 키우는 것일까 고민해야 한다. 좋은 부모는 아이와 눈 맞추며 깔깔 웃는다. 아이가 말도 안 되는 말을 재잘거려도 끝까지 들어주고 맞장구치며 꼬리에 꼬리를 무는 질문을 이어간다. 하루 한 끼라도 아이들과 함께 옹기종기 앉아 하루에 있었던 이야기를 나누며 식사한다. 아이가 살아 숨 쉬고 있다는 사실만으로도 감사하자. 진짜 가족은 부모가 아이와 어떤 관계를 맺고 지내느냐에 달렸다. 가족은 만들기 나름이다.

대한민국이여! 아빠에게 육아를 허하라

남자는 돈만 벌어오면 된다는 식으로 생각하고 행동하면 환영받지 못한다. 과거 남자는 경제 활동, 여자는 육아와 가사를 맡았던 남녀 성 역할이 모호해졌다. 이제는 남편이 아내를 대신해 육아 휴직을 내고 집안일과 육아를 한다는 이야기를 어렵지 않게 들을 수 있다. 남편의 육아 참여가 늘고 있다.

집 밖에만 나가도 아빠 육아를 심심치 않게 목격할 수 있다. 8년 전보다 거리에서 아기 띠를 매고 다니거나 유모차를 끌고 다니는 아빠의 모습을 쉽게 볼 수 있다. 놀이터나 공원에서 아이들과 함께 놀고 있는 아빠들의 모습이 어색하지 않다. 아파트 단지 내 어린이집 차를 기다리는 아빠들, 어린이집이나 유치원 행사에 참여하는 아빠들이 더는 신기하지 않다.

2023년 근로감독을 강화하는 모성보호 보호센터를 개설했다. 정부가 나서서 눈치 보지 말고 육아 휴직을 사용하라고 한다. 하지만 남녀 육아 휴직 사용이 저조하다. 특히 남성 육아 휴직 사용률이 낮다고 한다. 2021년 고용노동부에 따르면 출생아 부의 육아 휴직 사용률은 26.3%이다. 아직도 변화된 시대를 사회, 제도가 따라가지 못하고 있음을 알 수 있다.

아빠들의 육아 휴직 사용이 저조한 이유는 무엇일까. 근본적인 원인을 살피고 대책을 찾아야 한다. 단순히 권장만으로 육아 휴직 사용이 늘지는 않을 것이다.

공무원 육아시간은 만 5세 이하의 자녀를 키우는 공무원 대상으로 24개월 범위에서 1일 2시간의 출퇴근 시간을 최대 2시간을 미루거나 앞당길 수 있는 제도다. 아이를 키우는 동료 교사들은 육아시간을 활용해 오후 2시 30분이면 퇴근한다. 자녀를 키우는 교사가 많아서 그런지 몰라도 육아시간을 쓰는 것에 남의 눈치 보지 않았다. 공공기관이라 육아 휴직이나 육아시간 등 제도를 활용하는데 자유로운 분위기다. 무엇보다 근무 시간이 줄어든 만큼 급여가 줄지 않아 부담 없이 사용한다.

둘째가 태어난 2019년에 육아시간을 신청해서 한 시간 일찍 퇴근하려고 했다. 학기 초 육아시간 신청을 원하는 교사들이 모였다. 하지만 나중에 알고 보니 교육공무원이 아니라서 육아시간을 사용할 수 없다고 했다. 교육복지실로 돌아가는데 어찌나 비참한지 계약직의 현실을 맛보았다. 차별받는 것 같아 교육복지실에 돌아와 울분을 토했던 기억이 난다. 나중에 안 사실이지만 육아시간(수유시간)은 교육공무직 여성 근로자만 가능했다. 직종에 차이고 성별에 까였다.

노조에서 남녀 고용 평등과 일·가정 양립 지원에 관한 법률인 육아 휴직과 육아기 근로시간 단축 제도를 활용해 보라고 했다. 하지만 줄어든 근무 시간만큼 급여를 받지 못한다. 국가에서 급여로 일정 금액을 보상해 주지만 통상임금 100% 지원은 아니다. 솔직히 생계유지에 바듯한 형편이라면 휴직은 꿈도 못 꾼다. 결국 근로시간 단축 제도를 쓰지 않기로 했다.

<2020년 인구주택총조사>에 따르면 기혼 여성 7명 중 1명은 무자녀이며, 이들 가운데 절반은 앞으로도 출산 계획이 없다고 한다. 자녀 양육비와 교육비 부담, 경력 단절과 고용 불안정 같은 경제적 문제가 결정적인 영향을 미쳤다. OECD 회원국을 대상으로 여성 경제 활동 참여율, 남성 육아 분담률 등과 출산율의 상관관계를 조사한 결과에 따르면 "독박육아"를 겪는 여성일수록 둘째를 가지지 않았다고 한다. 남편의 육아와 집안일 참여가 출산율에 영향을 미친다는 것을 알 수 있다.

대한민국은 "삼포 세대"를 지나 "N포 세대"가 산다. 아이를 키워보니 왜 사람들이 결혼해서 아이를 낳지 않으려고 하는지 이

해가 된다. 적어도 아이를 키우면서 자신의 꿈을 포기하고 미루지 않아도 되는 세상에 살고 싶다.

아빠 육아를 보장하지 않으면 저출산 문제는 해결되지 않을 것이다. 상사 눈치를 안 보고 육아 휴직을 쓸 수 있어야 하고, 아이 키우는 일에 관심을 보이고 격려하는 사회 분위기여야 한다. 법과 제도 안에서 마땅히 보호받아야 하지 않나. 아빠 육아를 권장하는 사회 분위만큼 제도가 뒷받침되길 바란다.

대한민국이여! 부모에게, 특히 아빠에게 육아를 허하라. 좋은 아빠가 되라고 말만 하지 말고 기회를 줘야 한다고 생각한다. 좋은 부모는 결코 부모만의 노력으로 되지 않는다. 부모는 준비되었다. 이제 대한민국이 나설 차례다.

아내의 칭찬은 남편을 춤추게 한다

"부부는 말이야, 일정 부분 포기하고 사는 거야!"

청첩장을 주는 자리에서 아는 형님이 조언했다. 연애할 때는 문제 되지 않던 상대방의 행동이 결혼하면 고민거리가 된다고 했다. 사귈 때는 콩깍지가 겹겹이 씌어 마음에 들지 않아도 큰 문제가 되지 않는다. 뭐든 이해하고 받아들이려고 노력한다. 솔직히 동거하지 않은 이상 눈에 거슬리는 행동을 목격할 일은 드물다. 하지만 한 이불 덮고 살 때부터 사소한 일에도 쉽게 상처받고 서운해진다. 다툼의 원인이 되는 것이다.

"이제 포기했어."

신혼 생활하던 어느 날 아내는 대뜸 말했다. 아내가 크게 한숨을 쉬고 말한 것을 보면 참다 참다 참지 못하고 뱉은 게 분명하다. 말을 해도 달라지지 않으니 입만 아프다는 말이었다. 속으로 "내가 뭘 잘못했지." 머릿속이 복잡했다. 아내가 무슨 말을 어떻게 할지 몰라 아내의 입만 숨죽이고 바라봤다.

아내의 말을 들어보니 수건을 갠 모양이 마음에 안 든다고 했다. 자기는 수건을 갤 때 각을 중요하게 생각한다며, 화장실 서랍장에 대충 갠 수건을 볼 때마다 눈에 거슬린다고 했다. 아내의 말을 듣고 무슨 군대도 아니고 각을 찾나 싶었다. 하지만 결코 대충 개지 않았다. 억울했다.

아내가 시켜서 수건을 갠 것도 아니다. 알아서 건조대에 있는 마른 수건을 탁탁 털어 갰다. 솔직히 수건을 개면서 아내가 "수고했어!" 한마디 해주길 바랐다. 속으로 칭찬을 바라며 기분 좋게 빨래를 갰는데 무슨 마른하늘에 날벼락인지 싶었다. 시키지도 않은 일을 알아서 했는데 아내가 핀잔을 주니 서운하더라. 칭찬하지 못할 바엔 그냥 아무 말을 하지 말지.

아내의 잔소리는 거기서 멈춰야 했다. 아내는 보란 듯이 내가 갠 수건을 다시 폈다. 아내의 행동을 보고 자존심 상했다. 무심코 한 행동이겠지만 치욕스러웠다.

"어차피 쓸 수건인데 보기 좋게 갤 필요가 있나."

아내의 말투와 행동에 반감마저 들었다. 청개구리 기질이 발동한 것이다.

"그럼! 당신이 개던가."

개던 수건을 툭 던지며 아내에게 짜증 내고 말았다. 어찌 군

대를 다녀온 나보다 각을 더 잘 살릴까. 흉내 내지 못할 각이었다. 어차피 노력해서 될 일도 아니기에, 수건을 개고 싶은 마음이 사라졌다. 엄마 아빠가 공부하라고 하면 더 하기 싫은 것처럼 한동안 건조대에 널어놓은 빨래가 말라도 선뜻 나서서 개지 않았다. 지금 생각하면 아내에게 싫은 소리 들을 바에 차라리 안 하는 게 낫다고 생각했는지 모른다. 남편의 소심한 복수가 시작된 것이다. 혼자 꿍해서 며칠 데면데면 지냈다.

아내는 더는 자기 방식을 고집하지 않았다. 분담한 일에 대해 이래라저래라 간섭하지 않았다. 아내는 처음부터 끝까지 할 수 있도록 내버려 뒀다. 지금 생각하면 신의 한 수다.

아빠 육아를 원한다면 아내는 존중의 지혜를 발휘해야 한다. 아무리 마무리가 덜 되고 마음에 들지 않아도 지적하지 말아야 한다. 흰 장갑을 끼고 관물대 위를 쓱 문지르는 훈련소 교관이 돼서는 안 된다. 상대를 자신에게 맞추려고 하는 것은 오히려 육아나 집안일 참여를 방해한다. 마지막으로 팁을 주자면 남편의 자존심을 건드려서는 안 된다. 남편은 무시하고 빈정거리는 말투에 자존심 상한다. 남편에게 부드러운 말투로 해야 할 일을 꼭 집어 부탁하자. 칭찬은 고래도 춤춘다는 말처럼 아내의 고맙다는 말 한마디가 거실에 누워서 TV만 보는 나를 움직였다.

#찐아빠의 육아 철칙

당신은 나만의 육아 원칙을 가지고 있나요?

1. 아이의 말을 중간에서 끊지 마세요.
2. 따뜻한 눈길로 바라봐주세요.
3. 여러 사람 앞에서 나무라지 마세요.
4. 때리지 마세요.
5. 지키지 못할 약속은 절대 하지 마세요.
6. 아이 일을 대신해주지 마세요.
7. 아이에게 하는 사과를 부끄러워 마세요.
8. 버릇없이 키우지 마세요.
9. 아기가 화낸다고 같이 화내지 마세요.
10. 아빠는 아이와 보내는 시간의 질에 더 신경 쓰세요.

- 오은영 박사의 좋은 부모 십계명 -

어느 날 블로그에서 무한도전 [무도어린이집] 편 리뷰를 봤다. 오은영 박사의 "좋은 부모 십계명"을 소개한 글이다. 평소 육아에 관심이 있어서 긴 내용을 한 번에 읽었다.

오은영 박사의 "좋은 부모 십계명"을 읽으면서 반성할 줄이야. 오은영 박사가 말한 아이를 대하는 태도, 대화의 기술, 훈육하는 방법을 생각하며 나는 과연 아이들에게 좋은 부모일까 돌아봤다.

세 아이를 키우면서 아이에게 딱 맞아떨어지는 육아 지침서는 없다는 것을 깨닫는다. 아이의 성격이나 성향, 발달 수준에 따라 달리 키워야 한다. 일단 알고 배운 육아법을 시도하면서 이론과 현실의 차이를 실감해야만 나만의 육아법을 찾을 수 있다.

왜 나만의 육아 원칙을 세워야 하는지 아는가. 그 이유는 아이에게 일관되게 반응하기 위해서다. 일관된 태도를 유지해야 아이들이 부모의 말과 행동을 예측할 수 있다. 부모가 기분에 따라, 상황에 따라 어제 다르고 오늘 다르다면 아이들은 어떻겠는가. 아이들에게 이중 메시지를 보내면 혼란스러워한다.

돌이켜보면 기분이 태도가 되는 날이 많았다. 아이가 눈에 거슬리는 행동할 때면 감정이 부글부글 끓어올랐다. 참다가 차오르는 부정적인 감정을 조절하지 못했다. 결국 아이에게 화를 내고 만다. 매일 밤 잠자리에 누워 후회하는 일을 반복했다. 내일은 조금 달라지겠지, 각오를 다지고 잘해보려고 노력하지만 반복해서 좌절감을 맛보았다. 몇 번을 다시 시도하고 또 좌절했는지 모른다.

아이들의 행동을 이해할 수 없을 때마다 육아 관련 책을 뒤적거렸다. 무수한 육아법의 곁가지들을 치면서 육아의 본질을 발견했다. 나만의 육아 원칙이 생길 때마다 답답한 마음이 풀렸다. 아이를 잘 키우기를 바란다면 나만의 육아 원칙부터 세워야 한다.

신의진·연세대 소아정신과 교수 저자 [나는 아이보다 나를 더 사랑한다] 책을 읽고 자신을 먼저 살펴야 하고, 박수빈 저자 [아이의 첫 번째 학교, 부부 사이] 책을 읽고 좋은 부부 관계를 유지해야 하고, 파멜라 드러커맨 저자 [프랑스 아이처럼] 책을 읽고 부모의 희생에 대해 다시 생각하게 되었다. 세 아이를 키우면서 나만의 육아 원칙이 만들어졌다. 좋은 부모는 자신만의 원칙과 신념을 가지고 일관된 태도로 아이를 대하는 것이라 믿는다.

첫째. 아이보다 아내를 먼저 챙겨라!

아이가 태어나면 아내보다 아이를 먼저 챙기게 된다. 주변 사람들도 아내의 건강 회복보다 오롯이 갓 태어난 아이에게 관심을 쏟는다. 출산 선물도 기저귀 아니면 가제 손수건, 배냇저고리 같은 아이나 육아에 필요한 용품이다. 아내가 산후조리원 선물은 아이보다 엄마를 위한 선물이어야 한다고 말했을 때 아이보다 자신을 먼저 챙기길 바라는 마음을 눈치챘어야 했다. 어찌 세 아이를 키우면서 베이비 샤워 한 번을 못 해줬을까.

둘째. 나부터 행복하기

남편과 아빠 역할을 온전히 해내려면 내가 행복해야 한다. 그렇다고 아내와 아이들을 내팽개치는 이기적인 삶을 살겠다는 말은 아니다. 자녀는 부모의 정서를 닮아가기 때문에 부모가 행복해야 한다는 말이다. 스트레스를 해소하지 못해 화가 가득하고 짜증 내면서 질 좋은 육아를 할 수 없다. 마흔이 넘으면서 평정심을 유지하는 것이 최고의 육아 기술이란 것을 깨닫는다. 평정심을 되찾기 위해 한 달에 한 번은 등산할 것이다. 더는 혼자만의 시간을 갖는 것에 대해 가족에게 미안해하지 않겠다.

셋째. 아이와 좋은 관계 유지하기

나의 아버지는 무뚝뚝하고 완고한 가시 돋친 말을 서슴없이 하는 무서운 분이었다. 초등학생 때 있었던 일이다. 우연히 길에서 아버지를 봤지만 모른 척 지나갔다. 스쳐 지나가면서 아버지가 알아볼까 봐 땅이 꺼질 듯 고개를 푹 숙였다. 서글프지만 어린 시절 아버지와의 관계를 보여주는 한 단면이다. 아이들이 커서 어떤 아빠로 기억할지 생각해 봐야 한다. 아이들과 좋은 시간을 보내고 추억을 쌓자. 아이에게 관심을 보이고 아이가 좋아하는 일을 함께하자. 어린 시절 부모와의 관계가 성인이 돼서도 영향을 미치더라.

넷째. 스킨십하는 아빠 되기

어른이 되고 나서는 언제 아버지를 안아봤는지, 아버지를 안아 드리고 싶어도 이제는 어색해서 엄두를 못 낸다. 아버지와의 스킨십이 용기가 필요한 일이 되고 말았다. 부끄러운 고백이지만 논산훈련소로 가기 전에 아버지를 처음이자 마지막으로 안아보았다. 자식과의 스킨십이 용기 내야 할 수 있는 일이 안 되려면 어려서부터 자주 안아야 한다. 그렇게 치대던 첫째도 다섯 살이 되더니 뽀뽀해 달라고 하면 쭈뼛거린다. 코로나에 걸리면 어떡하냐고 난리다. 하루가 다르게 크는 아이들을 보면서 품 안을 떠날 날이 머지않았음을 느낀다. 더 늦기 전에 아이들을 더 안아야겠다. 놀면서 자연스럽게 스킨십할 수 있는 이 순간을 놓치고 싶지 않다.

다섯째. 어떤 이유로도 아이를 때리지 않기

아이는 꽃으로도 때리지 말라 했다. 체벌은 아이들과 공들여 쌓아 놓은 신뢰 관계를 한순간에 무너트린다. 심리학자 피아제는 아이를 때리는 것을 한마디로 "처벌은 도덕적 자율성을 기능할 수 없게 한다."라고 말했다. 체벌은 아이에게 상황만 모면하기 위해 거짓 인정하게 한다. 잘못된 행동에 대해 성찰도 반성도 없다. 잘못을 뉘우치기보다 자신을 때리는 부모가 밉고 억울한 마음만 든다. 적개심과 반항심만 키운다. 체벌 없이 아이를 교육할 수 있다고 믿어보리라. 아이 스스로 생각하고 행동할 수 있도록 기다리겠다. 감정대로 키우지 않겠다. 사랑의 매는 없다.

당신이 "육아 원칙"을 세울 차례다. 만약 어떤 "육아 원칙"을 세워야 할지 모르겠으면 자녀가 어떻게 크길 바라는지 생각해 보자. 당신은 어떤 아빠로 기억하길 바라는가.

아이가 다쳤으면 먼저 괜찮냐고 물어라

왜 아이가 실수하거나 다쳤을 때 괜찮냐는 말부터 나오지 않을까. 뻔히 보이는 결과를 끝까지 지켜보고 기다리는 일이 이렇게 어려운 일인지 몰랐다.

아침밥을 먹이고 설거지하던 어느 날 두 아들은 거실과 주방을 왔다 갔다 요란하게 뛰어놀았다. 쿵쾅쿵쾅 뛰어다니는 소리에 덩달아 마음이 급해졌다. 누구 하나는 다치겠다고 생각하고 있던 찰나에 일이 벌어졌다. 뒤에서 쿵 하고 둔탁한 소리가 났다. 퍽 소리에 놀래 뒤를 돌아보니 첫째가 의자에서 떨어져 바닥에 주저앉아 있었다.

아들은 어리둥절한 표정을 지었다. 혼날까 봐 눈치 보는 듯했다. 다친 아들을 보자마자 목구멍까지 차오르는 말을 삼키지 못하고 입 밖으로 내뱉고 말았다.

"조심하지."

눈치 보는 아들에게 퉁명스럽게 말했다. 언뜻 들으면 걱정하는 말 같지만 아이 입장에는 "뛰어다닐 때부터 너 그럴 줄 알았다."라고 빈정대는 말투다. 아프고 놀란 아이의 마음을 진정시키는 데에 도움 되지 않았다. 아들은 고개를 휙 돌리며 "치." 혀끝을 차며 자기 방으로 들어갔다. 돌아서는 아들을 보고 먼저 괜찮냐고 물어봤을 걸 후회했다.

아내가 보다 못해 한마디 거들었다. 아이가 다치면 먼저 괜찮냐고 물어보는 거라고 오은영 박사가 그랬어. 하지만 아들은 토라졌고 아들의 마음을 돌이키기에는 늦었다. 놀란 아들이 다치지는 않았을까 걱정되었는데 표현의 기술이 부족했다.

왜 아빠들은 걱정하는 마음을 화로 표현할까. 걱정하고 잘되길 바라는 마음이 없어서가 아니다. 화를 내면 생각이나 감정이 제대로 전달되지 않는다는 것을 안다. 단지 마음을 적절하게 표현 못 할 뿐이다. 남편들은 자신의 감정을 솔직하게 표현해 본 경험이 없거나 기회가 적어 부정적인 감정을 다루는데 서툴기만 하다. 일어난 일에 대해 분석하고 해결하려는 본능이 눈치 없이 발동해서 괜한 오해를 사는 것이다.

부모가 원인과 결과 중심으로 생각하면 자녀의 자율성을 지지하지 못한다고 한다. 자녀에게 필요한 것은 조언이나 문제 해결이 아니다. 좀 더 나은 방향으로 이끌려고 부모가 사사건건 통제하면 자녀는 실수에 따른 결과를 책임지고 받아들이는 경험을 하지 못하게 된다. 부모의 지나친 간섭이 새로운 경험의 기회를 뺏는 것이다. 실수와 실패도 성장을 위한 과정이라는 것을 알아야 한다. 비 맞지 않고 크는 나무는 없다.

부모가 아이의 실수를 너그럽게 바라봐야 아이도 다른 사람의 실수를 용서하고 받아들인다. 감정을 있는 그대로 받아들이고 인정해야 자신의 감정을 다룰 줄 아는 아이로 자란다.

아빠들이여, 적당히 간섭하자. 실수하면서 배우고 실패하면서 성장한다. 실수했을 때 더 나은 방향을 선택하고, 실패했을 때 좌절하지 않고 다시 시도할 것이다. 그래야만 스스로 해낼 수 있다는 믿음이 커간다. 지금 생각해 보면 아이에게 일어나는 모든 일이 성장의 기회였다. 아이에게 실패의 경험을 선물하라. 부모는 세 걸음 물러서서 아이가 괜찮은지만 지켜보면 된다. 설령 아이가 선택한 결과가 뻔히 보이더라도 그 또한 아이의 몫이다.

아이와 사랑에 빠지는 세 가지 방법

0~3세 이전은 안정 애착이 만들어지는 결정적 시기라고 한다. 안정 애착은 주 양육자와의 사이에서 신뢰를 바탕으로 만들어진다. 부모와의 관계가 안정적일 때 세상이 믿을만하다고 느낀다. 그래야만 호기심을 갖고 세상을 탐색하기 시작한다. 타인과 관계를 맺고 사는 사회적 동물로서 인간답게 살아갈 수 있는 것이다. 신생아 때부터 아이와 유대감을 쌓아야 하는 이유다.

유대감은 아이와의 상호작용을 통해 만들어진다. 그러기 위해서는 아이와 함께 보내는 시간이 절대적으로 필요하다. 아이와 안정 애착을 만들 수 있는 세 가지 노하우와 방법을 소개하겠다.

기저귀 갈기

기저귀를 갈기 전에 준비할 게 있다. 우선 기저귀를 갈 장소를 정하고 방수 패드를 깔아야 한다. 기저귀를 가는 동안 얼마든지 오줌이나 똥을 쌀 수 있다는 것을 대비하자. 이불 빨래하기 싫으면 방수 패드는 준비해야 한다. 밴드형 기저귀를 쓴다면 아이를 눕히기 전 허리춤에 있는 접착테이프를 미리 떼놔야 손쉽게 갈 수 있다. 이때 아이의 발을 너무 세 개 들어 올리거나 발목만 들어 올리면 다리나 관절이 탈골될 위험이 있다고 한다. 다른 손으로 아이의 엉덩이를 받쳐 들어 올린다. 미리 펴놨던 기저귀를 재빠르게 엉덩이 밑으로 밀어 넣는다. 기저귀를 채우고 밴드를 붙이면 된다.

신생아는 배꼽이 덜 아물었다. 감염되기 쉽고 염증이 생길 수 있어 관리해야 한다. 목욕한 뒤 아이의 배꼽에 물기가 없도록 닦아내고 알코올 솜으로 소독하면 된다. 기저귀를 채울 때는 밴드 부분이 배꼽 위로 덮지 않도록 접는다. 마지막으로 오줌이나 변이 세지 않도록 사타구니와 허벅지 부분에 손가락을 넣어 기저귀가 엉덩이 안으로 말려 들어가지 않도록 빼주면 된다. 기저귀 주름을 제대로 펴지 않아 엉덩이에 끼면 똥오줌이 샐 수 있다.

보통 걸음마를 떼는 시기부터 가만히 있지 않는다. 아이가 발버둥 치거나 기저귀 차는 것을 거부한다. 돌이 지나고 나서부터 발버둥 치고 장난치는 바람에 진땀 뺐다. 아이가 생후 12개월 지나면 무조건 팬티형 기저귀로 바꾸자. 기저귀를 채우다 멘붕이 올지 모른다. 만약 아이가 기저귀 차는 것을 거부하면 아이가 좋아하는 장난감을 준비하라. 아이가 정신 팔릴 때 기저귀를 채우면 된다. 아이들은 동물 피규어를 좋아했다. 아이가 좋아하는 장난감이나 그림책, 모빌을 보여주면서 기저귀를 갈면 쉽게 채울 수 있다.

아이의 눈을 바라보고 말을 걸어라. 아이를 안으면 특별한 감정이 생긴다. 아이를 보고 생글생글 웃어주고 장난을 치면 아이가 배냇짓을 하거나 반응을 보일 것이다. 입술을 삐죽 내밀거나 손가락을 꼭 쥐거나 고개를 돌리며 시선을 따라가기도 한다. 아이의 반응을 따라 하거나 우스꽝스럽게 소리나 흉내를 내면 아이와 교감할 수 있다. 혓바닥을 내밀고 쳐다보고 있으면 따라 할지 모른다.

분유 먹이기

분유 먹이기도 아이와 유대감 쌓기 좋다. 분유를 먹이는 동안 아이와 눈 맞춤을 할 수 있다. 아이와 살이 맞닿는 느낌을 느끼며 사랑을 키워라. 분유를 먹이면서 아이의 반응을 살필 수도 있다. 한국 사람은 예로부터 밥을 먹으면서 정을 키우지 않았나. 퇴근 후나 주말에는 아내를 대신해 분유를 먹여보자.

둘째 신생아 때 수유 쿠션과 역류 방지 쿠션이 있어 분유 먹이기 수월했다. 아이가 부서질까 봐 안절부절못하는 아빠는 장비의 도움이 필요로 하다. 수유 쿠션을 이용하면 맨몸에 안는 것보다 아이를 편안하게 품에 안을 수 있다. 아무리 몸무게가 적게 나가도 신생아를 계속 안고 있으면 팔 아프다. 트림할 때까지 등을 쓸어 올릴 수고를 덜어준다. 역류 방지 쿠션은 그야말로 신세계였다.

지금 생각하면 첫째 키울 때 육아용품에 대한 정보가 없어 몸이 고생했다. 첫째 분유를 먹일 때 냉동실에 미리 얼려놓은 모유를 가스 불로 중탕해 식혀서 먹였다. 다 먹이고 난 다음 씻은 젖병을 모아놨다가 팔팔 끓는 물에 소독했다. 왜 분유 보트와 젖병 소독기를 살 생각을 하지 못했을까.

분유 보트와 젖병 소독기는 필수품이다. 새것이 아니어도 좋다. 경제적으로 부담되면 주변 지인들이나 육아용품 대여 업체를 찾아보면 된다. 당근마켓에 거래되는 중고 용품도 쓸만하다. 돈이 들어도 몸이 고생하는 것보다 낫다. 신생아 때 필요한 육아용품은 사자. 돈을 아끼지 말자! 육아도 아이템 빨이다.

목욕시키기

아이를 목욕시키기는 일은 출산 직후 몸이 덜 회복된 아내를 보호하고 배려하는 일이다. 3~4kg 밖에 나가지 않은 신생아도 매일 안고 씻기면 손목에 무리 간다. 아내도 출산 후 손목이 시리고 손이 금방이라도 떨어질 것 같다고 아파했다.

산후조리원에서 집으로 온 첫날, 처음 아이를 씻기는 날을 지금도 잊지 못한다. 팔뚝보다 작은 아이를 목욕시키는데 어떻게 씻겨야 할지 몰라 쩔쩔맸다. 어찌나 손이 덜덜 떨리던지 아이를 떨어트릴까 봐 안절부절못했다. 하지만 뭐든 처음은 어렵다. 하다 보면 금방 익숙해지고 나름 요령이 생긴다.

목욕시키기 어렵지 않다. 욕조에 따뜻한 물을 준비한다. 물에 팔꿈치를 담가서 괜찮다면 아이가 목욕할 수 있는 적당한 온도다. 요즘 욕조에는 아이를 받칠 수 있는 등받이가 딸려있어 목욕시키기 수월하다. 먼저 가제 손수건으로 부드럽게 마사지하듯 입안을 씻긴다. 그다음 얼굴을 씻긴다. 코와 귀에 물이 들어가지 않게 머리를 감긴다. 돌 되기 전에는 물로만 씻겨도 충분하다. 아이가 혼자 앉을 수 있을 때부터 아이와 함께 욕조에 들어가 목욕하자.

물을 좋아하는 아이에게 목욕은 놀이다. 아이가 목욕하면서 충분히 놀 수 있도록 시간을 줘라. 물에서 가지고 놀 수 있는 블록이나 움직이는 장난감을 주거나 거품기를 달아주면 좋아한다.

아이는 컵이나 바가지만으로도 한 시간은 거뜬히 놀 수 있다. 아이들과 함께 목욕하면 씻는 것을 거부하는 일은 없을 것이다.

미스터리한 경험

아이와 사랑에 빠지면 말로 설명하기 어려운 미스터리하고 신기한 경험을 하게 된다. 첫째는 자정이 되면 기저귀에 오줌을 쌌다. 그때마다 아들이 깨지 않게 조심스럽게 새 기저귀를 채웠다. 오른발과 왼발을 차례대로 넣고 조심조심 숨죽이며 엉덩이를 들어 올리려고 하면, 기다렸다는 듯이 다리를 구부리며 엉덩이를 번쩍 들어줬다. 잠결에 엉덩이를 드는 아들이 하도 신기해서 아이가 진짜 자고 있는지 몇 번이고 확인했던 기억이 난다.

둘째 역시 신비한 체험을 했다. 둘째를 재울 때 토닥토닥 엉덩이를 두드리며 자장가를 불러준다. "안녕, 귀여운 내 친구야." 잠들 때까지 반복해서 부르면 둘째는 이리저리 옮겨가며 누울 자리를 정했다. 마치 강아지가 볼일 보기 전에 빙글빙글 도는 모습과 같았다. 잠잘 곳이 정해지면 그제야 눈이 스르르 감겼다. 엉덩이를 토닥토닥하면 잠결에 내 손등 위로 고사리 같은 손을 포갰다. 신기하게도 토닥거리는 손을 멈추면 손을 끌어다가 자기 엉덩이에 대었다.

아이와 함께 시간을 보내야 미스터리한 경험을 할 수 있다. 아이를 키우는 일은 힘들다. 하지만 하루가 다르게 크는 아이를 보면 또 언제 그랬냐는 듯 기쁘다. 아이의 성장을 가까이에서 지켜보고 미스터리한 경험을 겪어야 비로소 부모가 되는 것은 아닐까. 어쩌면 미스터리한 것은 아이가 아니라 아이를 키우고 있는 부모일지도 모르겠다. 육아는 매일매일이 미스터리한 일로 가득하다.

아이와의 눈 맞춤은 위로다

대화할 때 상대방의 눈을 보는 것은 중요하다. 눈은 마음의 창이라고 하지 않는가. 눈 맞춤은 상대방과의 교감하는 통로이자 서로를 연결해 주는 다리다. 눈 맞춤을 해야 서로를 이해하고 받아들일 수 있는 것이다. 아이와의 관계는 눈 맞춤에서 시작된다. 아이와 눈 맞춤 하자. 아이가 당신의 눈을 바라볼 것이다.

눈 맞춤은 아이 발달에 긍정적인 영향을 미친다고 한다. 눈 맞춤을 하면 공감 능력을 키울 수 있다. 공감 능력은 아이 정서 발달에 중요하다. 공감 능력은 탄탄한 팀워크와 높은 성과를 만든다는 연구 결과도 있다. 공감 능력이 있어야 자신을 타인과 연결하고 사회적 관계에서 고립되지 않는다. 내 것 챙기기에 급급한 이기적인 아이보다 타인과 더불어 사는 아이가 행복할 것이다.

메라비언의 법칙에 따르면 의사소통의 90% 이상이 비언어적인 요소로 이루어졌다고 한다. 눈 맞춤은 시각적 요소 중 하나다. 눈 맞춤을 해야 상대방과 원활한 의사소통이 가능하며 상대방에게 좋은 인상과 호감을 줄 수 있다. 또한 영국 케임브리지 대학 빅토리아 레옹 교수는 부모와 아이가 눈 맞춤을 할 때 교감이 형성되면서 서로의 뇌파가 일치한다고 밝혔다. 이때 학습능력, 소통, 정서 등 성장 초기 뇌 발달과 건강한 자아상 형성에 중요한 요소라고 했다. 아이와 눈 맞춤하지 않을 이유가 없다.

당신은 아이와 언제 눈 맞춤하는가. 지금 돌이켜보면 훈육할 때만 아이와 눈 맞춤을 했다. 아이에게 울컥 화난 감정과 짜증 섞인 부정적인 감정을 들키고 말았다. 어느 날 눈을 부릅뜨고 아이를 노려보는 나를 마주했다. 유독 가르치고 훈육할 때만 눈 맞춤을 시도했으니 아이가 눈을 피하는 것은 당연하다. 아이 입장에서 아빠와의 눈 맞춤은 무섭고 피하고 싶은 순간이었을 것이다. 어쩌면 어른들 눈치를 살살 살피는 아이로 키우고 있었는지 모른다.

눈을 부릅뜨지 말자고 다짐한 어느 날 아이를 바라보는 눈빛을 바꾸었다. "아빠는 널 사랑해." 아이에게 진심을 담은 눈빛을 보냈다. 가르치고 훈육할 때만 눈 맞춤하지 않으려고 노력했다. 일상에서 아이와의 눈 맞춤을 시도했다.

아이를 키워보니 눈 맞춤 역시 놀이다. 아들과 윗몸일으키기를 하면서 [시크릿 가든] 드라마의 한 장면을 따라 했다. 나는 김

주원, 아들은 길라임. 길라임 역을 맡은 아들에게 다리를 붙잡게 했다. 아들과 함께 숫자를 세면서 "하나, 둘, 셋" 윗몸일으키기를 했다. "셋" 구호와 함께 서서히 몸을 일으켜 세웠다.

"아빠 눈동자 속에 유호가 있어, 한번 찾아볼래?"

아들은 눈동자에 비친 자기의 얼굴을 찾으려고 애를 썼다. 유심히 내 눈을 들여다봤다. 아들의 초롱초롱한 눈동자에 아들을 바라보는 내 얼굴이 비쳤다. 순간 우주로 빨려 들어가는 듯한 느낌을 받았다. 한동안 서로를 넋 놓고 바라봤다.

곰살맞지만 아들과의 눈 맞춤은 나를 위로한다. 말로 설명하지 못하는 깊은 무의식에 눌려 있는 분노, 억울함, 외로움의 해결되지 않는 감정들이 눈 녹듯 사라지기 시작했다. 당신도 [시크릿 가든] 놀이하며 아이와의 눈 맞춤에 성공하길 바란다.

아들 눈에 어떤 아빠로 비쳤을까? 문득 떠오른 생각은 나를 반성하게 했다. 다그치고 화를 냈던 지난 행동을 돌아보게 되었다. 아들은 잔뜩 화가 난, 부릅뜬 표독스러운 아빠의 눈을 보고 어떤 기분이었을까. 혹시라도 아이가 상처받지 않았을까 걱정되었다. 어쩌면 아들이 생각하는 나와, 내가 생각하는 나는 다를지 모르겠다. 아이와의 눈 맞춤은 나를 객관화시키는 도구이자 위로다. 자주 아이들의 눈을 바라봐야겠다.

#장난감의 역습

첫째 아들이 로봇 만화에 빠졌다. 때와 장소를 구분하지 않고 [또봇V] 오프닝 ost를 흥얼거리기 시작했다. 차에 타면 항상 [또봇V] 노래를 틀어달라고 했다. 얼마나 들었는지 운전하다가 나도 모르게, "브이 브이 브이 빅토리" 노랫말을 따라 불렀다.

[또봇V] 오프닝 ost 가사를 외우던 어느 날 어린이집 등원하는 길에 아들이 부러운 눈초리로 말했다. "민호 집에 또봇V 장난감이 있대." 아들이 사달라고 말하는 것은 처음이었다. 속으로 드디어 올 게 왔다 싶었다. "장난감 사고 싶구나." 공감해 주기 무섭게 민호가 가지고 있는 장난감을 사달라고 조르기 시작했다. 친구는 장난감이 많다며 시무룩한 얼굴로 나를 쳐다봤다. 아들이 기죽지 않게 장난감을 사줘야 하나 고민했다. 부모로서 진지하게 고민되더라.

"하나쯤이야."

진심으로 아내 몰래 사줄까 고민했다. 장난감 사주고 아들에게 생색내기 얼마나 좋은가. 솔직히 생일이나 크리스마스 때만 사주는 규칙이 없었더라면 사줬을 것이다. 돌이켜보면 두 아들을 키우면서 마트에서 장난감을 사준 적이 별로 없다. 사달라고 할 때마다 생일 아니면 크리스마스에 살 수 있다고 어르고 달랬다. 아내와 합의한 규칙을 깰 수가 없었다.

그동안 장난감을 사달라는 대로 사주지 않았다. 솔직히 경제적인 이유도 한몫한다. 장난감은 대체로 비싸다. 손바닥만 한 크기도 족히 3~4만 원은 넘는다. 문제는 로봇 장난감은 시리즈로 나오기 때문에 하나만 살 수 없다. 4~5개의 로봇을 더 사야 하나를 완성할 수 있다. 그마저도 새로운 시리즈가 나오면 금세 헌 로봇이 되고 만다.

오래 가지고 놀지도 않는다. 흥미가 떨어졌는지 아들은 새로 산 장난감을 며칠 동안만 가지고 놀았다. 아이의 관심에서 사라진 장난감은 방안에 이리저리 나뒹굴거나 장난감 보관함에 처박힌다. 자리만 차지하는 짐 신세로 전락한다. 아이들의 소유욕을 자극할만한 새로운 장난감이 넘쳐나기 때문에 아이의 관심은 이미 사지 못한 장난감으로 옮겨진다. 로봇처럼 완성형 장난감은 놀이 방법도 단조로워서 금방 싫증 낼 수밖에 없다.

문제는 감사할 줄 모르는 태도에 있다. 아무리 심사숙고해서 사고 싶은 장난감을 샀어도 며칠만 지나면 후회한다. 가진 것에 감사할 줄 모르고 가지지 않는 것에 집착하는 아들을 보며 사달라는 대로 사주면 안 된다는 것을 깨달았다.

아이가 클수록 어르고 달래는 방법이 통하지 않는다. 대여섯 살이 되고 나서부터 대놓고 사달라고 했다. 몰래 카트에 담는 아들이 귀엽다가도 사달라는 대로 사줄 수 없었다. 그때부터 불필요한 힘겨루기가 시작된다. 아들이 논리적으로 들이대기에 말발로는 못 이긴다. 어설프게 거절했다가는 큰코다친다.

무조건 안 된다고만 할 수 없어 아이에게 절제하는 방법을 가르쳤다. 장난감을 이것저것 고르면 아들에게 "꼭 필요한 것은 뭐야? 무엇을 가장 사고 싶어?" 물어본다. 지금 나에게 꼭 필요한 물건인지 생각해 보게 하는 것이 중요하다. 아들은 한참을 서서 무엇을 살까 고민한다. 둘 다 가지고 싶은 마음에 갈팡질팡 선뜻 고르지 못한다. 심사숙고 끝에 하나 골라보는 경험으로 만족감을 느끼게 했다. 나중에 불평해도 소용없다. 자신이 골랐으니 어쩌겠는가.

마트 가기 전에 살 것을 미리 이야기한다. 장난감을 사러 온 게 아니라고 말해야 떼를 쓰지 않는다. 마트는 아이를 유혹하는 것이 가득하다. 꼭 장난감이 아니더라도 자기가 원하는 것을 사달라고 한다. 그때마다 아들에게 "지금 사고 싶다고 다 살 수 없다." 라고 설명하고 이해시켰다. 이것저것 집어와도 하나만 고르게 했다. 사달라고 조르는 아이에게 일관되게 반응했다.

지금까지 세 아이를 키우면서 마트에 드러누워 장난감 사달라고 보채거나 악을 쓰며 우는 일이 없다. 무조건 사달라고 떼쓰지 않는다. 아들은 마트에 진열된 장난감을 보는 것만으로 만족한다. 그래서 아들과 함께 마트에 가는 일이 두렵지 않다. 마트에서 시간을 보내는 것이 즐겁다. 뭐, 가끔 사달라고 조르긴 하지만 그마저도 금방 내려놓는다. 자기 조절 능력은 부모의 단호하고 일관된 태도에서 길러진다는 것을 깨달았다.

아이들은 자연이 놀이터다

완제품 장난감은 아이의 사고력, 창의력 등을 길러주는 것에 한계가 있다고 한다. 그에 비해 비구조화된 놀잇감, 블록, 자연물을 이용한 놀이는 아이 발달에 긍정적으로 큰 영향을 미친다. 돌이켜보면 블록으로 놀 때 가장 즐거워했다. 아이는 무언가를 만들 때 몰입한다. 만들어진 블록으로 이야기를 지어 역할극을 한다. 이미 만들어진 장난감으로 노는 것보다 직접 만들어 노는 것이 수고스러워 보여도 아이에게 더 교육적이다.

자연은 최고의 놀잇감이다. 선선한 바람이 부는 어느 가을날 첫째와 공원에 갔다. 마침 산책길에 도토리가 떨어져 있었다. 아들에게 도토리를 주워보자고 말했다. 도토리 세 개를 줍고 가장 큰 것과 가장 작은 것을 골라보게 했다. 도토리 모양도 모두 달랐다. 길쭉한 모양, 동그란 모양, 우둘투둘한 모양을 번갈아 보며 도토리를 관찰했다. 한참을 관찰하고 아들과 주운 도토리로 누가 더 멀리 굴리기 게임을 했다. 데굴데굴 굴러가는 도토리를 보고 까르르 웃는 아들. 더 멀리 굴려보겠다고 자세를 고쳐 잡는 아들이 머리 굴리느라 바빴다.

매년 아이들과 가는 아지트가 있다. 숲 속 놀이터를 검색하다가 인생 놀이터를 찾았다. 아양사랑숲은 정읍사 공원의 일부로 유아 숲 체험원을 검색하면 된다. 다른 숲 속 놀이터에 비해 규모가 크다. 잔디밭으로 되어 있어 마음껏 아이들이 뛰어놀 수 있다. 놀이터 주변에 산책로가 잘 조성되어 걷기 좋고 놀이터 뒤편 가까이 등산로가 있어 종종 등산객도 오간다. 곳곳에 나무 데크가 있어 아이들과 이야기 나누며 도시락 까먹기 좋다. 구름다리 건너편에 있는 그물놀이터가 인기 만점이다. 그물 위를 뛰어다니며 점프하며 뛰거나 몸을 날린다. 첫째와 둘째는 2층 높이에서 그물 미끄럼을 타고 노는 것을 좋아했다.

그림책을 활용하면 다양한 놀이가 가능하다. 유치원에서 [토리바우] 그림책을 가져온 어느 날 아이들과 함께 황방산에 올랐다. 황방산은 그림책의 배경이 되는 장소다. [토리바우]는 홀로 된 바위가 다람쥐에 쫓기는 도토리를 자기 몸에 숨겨주면서 시작되는 우정을 그린 내용이다. 실제로 그림책에서 배경이 되는 황방산과 바위틈에 자란 도토리나무를 소개한다. 마침 황방산이 살고 있는 지역에 있었고 아들에게 책을 읽어주면서 언제 한번 [토리바우]를 보러 가자고 약속했다.

황방산에 오르던 아들이 몇 걸음 걷다가 멈추기를 반복했다. 공복에 힘든지 숨을 헐떡이며 허리를 숙였다. 아들은 차오르는 숨을 어찌하지 못했다. 아직 갈 길이 먼데 거친 숨을 몰아쉬는 아들을 보고 정상에 오를 수 있을까 걱정이 되었다.

가던 길을 멈추고 숨 돌리고 있을 때 우거진 풀과 나무 사이로 바람이 살랑살랑 불어왔다. 서늘한 바람에 가슴까지 시원했다. 오랜만에 느끼는 아침 공기, 촉촉하게 젖은 흙냄새와 푸른 풀 나무 향이 코끝을 스쳐 지나갔다.

쉴 겸, 아들에게 상수리나무 가지를 들어 보이며 "왜 땅에 떨어졌을까?" 물었다. 아들은 곰곰이 생각해 보지만 쉽게 대답하지 못했다. 관심을 보이는 아들에게 거위벌레 한살이를 설명했다.

"거위벌레는 도토리에 작은 구멍을 내고 열매 안에 알을 낳아."

"애벌레가 땅속으로 들어갈 수 있게 잘라서 떨어트리는 거야."

아이들과 산에 오를 땐 숲 해설사가 된다. 거위벌레를 직접 보여주는 것이 나을 것 같아 이야기를 멈추고 핸드폰을 꺼냈다. 거위벌레를 검색해 아들에게 이미지 사진을 보여줬다. 그날 아들과 함께 토리바우도 보고 거위벌레도 보았다.

사실 계절 변화를 느끼는 것만으로도 충분하다. 앙상한 가지에 피어오르는 새싹을 보고, 초록색 잎이 무성한 나무를 보고, 붉게 물든 나뭇잎을 보고, 눈꽃 핀 나무를 보고 사계절을 느끼면 된다. 땅에 떨어진 도토리, 열매, 잎을 만져보면서 자연을 느끼는 것이야말로 아이들 정서 발달을 위해 해야 할 놀이다. 나뭇가지, 낙엽, 도토리, 솔방울을 주어 이름을 꾸미거나 낙엽을 한데 모아 커다란 하트 모양을 만들고 사진을 찍으면서 놀아보자.

아이들을 웃겨야 산다

틱낫한은 "즐거워서 웃는 때가 있지만, 웃기 때문에 즐거워지는 때도 있다." 라고 말했다. 웃음은 행복을 불러일으키고 부정적인 감정을 몰아낸다. 지금 웃을 기분이 아니어도 억지로 웃다 보면 즐거운 마음이 드는 것처럼 웃음은 행복을 부르는 마법과도 같다. 아빠들이여! 아이를 웃겨라.

좋은 아빠는 광대가 되어 아이들에게 즐거움을 준다. 아이와 좋은 관계를 유지하고 발전시키기 위해 유머 감각을 키워야 한다. 아이에게 웃음을 불러일으켜 행복한 아이로 자랄 수 있도록 해주자. 아빠 체면이 뭐가 되겠나 뻣뻣하게 구는 무뚝뚝한 아빠는 아이들에게 인기가 없다. MBTI에서 극 I형인 나로서는 무모한 도전이지만 불가능한 일도 아니었다.

그림책을 읽을 때도 평범함을 거부하자. 어느 날 「넘어졌다 넘어졌다」 토들 피카소 그림책을 아이들에게 읽었다. 하마, 악어, 코끼리, 돼지, 고양이가 차례로 길을 가다가 넘어지는 내용이다.

마지막 장은 2살 둘째와 비슷한 또래로 보이는 아기가 넘어진다. 동물 친구들이 넘어진 아이를 빙 둘러 모여 "울지 마! 울지 마!" 다독이며 아이를 달랜다.

    구연동화 하듯 과장되게 읽고 상황에 따라 억양을 달리 읽으면 된다. 동물들이 차례로 넘어질 때마다 몸을 불사르며 넘어졌다. 두 아들은 "아이고, 아이고." 앓는 소리가 재밌다고 자지러졌다. 매트 위에 몸을 내던졌더니 깔깔 웃었다.

    2020년은 지코의 [아무 노래] 챌린지로 뜨거웠다. 해시태그의 파급효과랄까. 유튜브, 인스타그램을 통해 챌린지 영상이 빠르게 퍼져갔다. 연예인뿐만 아니라 대중까지 이어진 챌린지는 피할 길이 없었다. 어느 날 아내는 자기 친구네 부부도 [아무 노래] 챌린지를 했다며 인스타그램에 올린 영상을 보여줬다. 아무래도 부러워하는 눈치다. 남편이 나설 때다.

    아이들과 함께 [아무 노래] 챌린지를 했다. 속옷 바람으로 아들과 노래에 맞춰 춤을 추었다. 아들은 영상에 집중했고 서툴지만 춤 동작을 따라 하기 시작했다. 아내는 동영상 찍기 바빴고 아이들은 춤을 추며 자지러지느라 정신없었다. 내일도 연습하자는 아들 모습이 아직도 눈에 선하다. 몇 년이 지난 지금도 그때 찍은 영상을 보면 흐뭇하다.

아빠가 즐거워야 가족이 행복하다. 찐 아빠 육아를 한마디로 이야기하면 아이를 웃게 하는 것이라 할 수 있다. 아빠의 권위적인 모습, 냉소한 태도를 벗어버리고 아이들의 광대가 되어보라. 집안 분위기가 서먹하지 않고 관계가 말랑말랑해질 것이다. 아이들은 웃어야 성장한다. 웃을 일이 많은 아이는 행복하다.

3장

/

좋은 아빠는
좋은 남편으로부터
시작한다

좋은 아빠는 태교부터 시작한다

"아빠는 내가 태어나고 어떤 기분이었대?"

"얼마나 좋아했었다고."

어머니는 아버지가 포대기로 업고 동네방네 다녔다고 했다. 평소 무뚝뚝한 아버지의 모습으로는 상상이 안 갔다. 어머니의 말을 듣고 아버지는 어떤 기분이었을까 궁금했다. 직접 물어보지는 못했지만 아마도 아빠라는 생각에 세상을 다 가진 기분이었을 것이다. 남자 체면에 지금처럼 불러오는 아내의 배에 대고 책 읽어주거나 마사지하는 것은 상상하지 못했겠지만 말이다. 태어날 아이를 기다리는 마음은 같았으리라.

하지만 마음만으로는 부족하다. 아이에게 표현해야 비로소 관계가 시작된다. 태교는 아이를 맞이할 마음가짐을 준비하게 하지만 아이와 관계를 쌓는 좋은 방법이기도 하다.

태교하려면 태아의 발달 과정을 알아야 한다. 임신 초기에는 임신 중 가장 위험하고 예민한 시기다. 아내가 스트레스를 받지 않도록 배려하는 것이 최고의 태교다. 임신 중기에 들어서면 태아의 뇌가 폭발적으로 발달한다. 이 시기에 태아의 뇌세포는 70%가 만들어지고, 청각이 발달하면서 소리를 들을 수 있게 된다. 평소 즐겨 듣는 음악을 들으며 편안하게 쉬자. 아내 배에 대고 말을 자주 걸어주면 좋다. 임신 후기부터는 안정기에 들어선다. 가벼운 산책을 하며 좋은 공기를 마셔라. 재잘재잘 일상적인 대화를 나누고 매일 밤 배에 대고 기도하자.

온 가족이 똘똘 뭉쳐야 탄생의 기쁨을 배로 느낄 수 있다. 아버지의 유별난 손주 태교에 두 손 두 발 다 들었다. 아버지는 "아이가 건강하게 태어나려면 영양가 있는 음식과 신선한 과일을 먹어야 한다"라며 매주 시장에 가서 손수 바나나, 토마토, 오렌지 갖가지 과일을 골라 사다 주었다. 고등어, 갈치 싱싱한 생선과 한우를 조달하며 배불러 오는 아내의 몸을 지극정성 챙겼다. 그뿐만 아니라 산모가 피해야 할 음식을 만날 때마다 알려주었다. 한번은 아내가 좋아하는 팥죽을 사다 줬다가 임산부에게 왜 팥을 먹였냐며 어찌나 다그치시던지 혼쭐났다.

보통 임산부는 요가와 명상으로 몸과 마음을 챙기고, 바느질 수업을 들으며 배냇저고리와 손 싸개, 애착 인형을 만든다. 꽃꽂이하며 기분 전환하기도 하며 편안하게 음악을 들으며 책을 읽는다. 하지만 아내는 남들이 하는 태교는 엄두도 낼 수 없었다. 임신 4개월부터 조산 증상으로 꼼짝달싹 않고 누워있어야만 했다.

아픈 아내가 태교할 수 없어 대신해야만 했다. 마사지는 아이의 두뇌 발달은 물론 아내의 심리적 안정감을 주는 효과가 있다고 한다. 튼살 크림과 마사지 오일을 발라 아내의 배를 수시로 쓰다듬어 주었다. 저녁마다 부종으로 팅팅 부은 종아리를 마사지했다. 아빠 목소리를 더 잘 듣는다고 해서 수다쟁이 아빠가 되었다. 태명을 불러주고 일상적인 대화를 건넸다. 매일 밤 그림책을 읽어주고 감사 기도했다. 지금 생각해 보면 최고의 태교는 아내 마음을 먼저 챙기는 것이다. 아이는 아내가 보고, 듣고, 느끼는 대로 자라기 때문에 아내가 스트레스를 받지 않도록 배려해야 한다. 아이가 건강하게 자랄 수 있도록 안정적인 환경을 만들어야 한다. 아내의 마음가짐이 곧 아이의 마음 상태다.

아내가 포기한 것들

"아내의 인생 변곡점은 어디일까."

아마도 임신과 출산 그리고 육아로 이어진 지금까지 진행 중일 것이다. 아내의 삶은 임신하고 출산하면서 많은 것들이 바뀌었다. 어쩌면 엄마로 살아가는 대한민국 여성이라면 누구나 겪게 되는 일일 것이다. 가끔 집 나가고 싶다는 아내의 말에 진심이 느껴질 때면 가슴이 철렁 내려앉는다. 만약 첫째 임신하기 전으로 돌아갈 수만 있다면 아이를 늦게 낳겠다. 신혼 생활을 충분히 보내지 못한 것이 지금도 마음에 걸린다. 아내도 엄마 이전에 여자다.

반면 내 삶은 아내에 비해 바뀐 게 없다. 육아도 퇴근 후나 주말에 아이를 돌보는 정도가 전부다. 예전처럼 서점에 가서 마음대로 책을 읽지 못해 아쉽고, 동네 커피숍에서 조용한 시간을 보내지 못해 정신없지만 말이다. 그뿐인가 버젓이 직장에 다닌다. 오히려 아내의 도움으로 2020년 상담심리대학원을 졸업했다. 2

년 동안 동료 교육복지사들과 함께 저녁 독서 모임을 했다. 돌이켜 보면 아내가 포기한 것들에 비하면 아무것도 아니다. 그러면서 혼자만의 시간이 없다며 투정 부린다.

아내의 가장 큰 변화는 몸의 변화다. 튼살은 군데군데 보이고 부기는 빠지지 않았다. 연이은 출산으로 골반은 틀어져 있다. 아내는 임신 전 체중으로 되돌리고 싶지만 그럴 수 없다. 마음처럼 쉽지 않다. 솔직히 예전 몸으로 회복할 수 있는 상황이 아니다. 지난 8년 동안 세 아이의 임신과 출산, 육아를 이어오고 있기 때문이다. 쉼은 고작해야 산후조리원에서의 2주가 전부였다. 그마저도 둘째 때는 첫째를 봐줄 사람이 없어 2주를 채우지 않고 퇴실하려고 했다.

돌이켜 보면 아내는 손발이 저린다는 말을 입에 달고 살았다. 아내는 젖몸살이 심해 고생하기도 했다. 보통 산모는 10개월 동안 아이를 품고 있어 장기는 뒤틀리고 허리는 제대로 펴지 못해 고통스러워한다고 한다. 아내는 허리 통증으로 제대로 잠을 못 잤다. 아내는 자면서 바닥에 등을 대고 눕다가도 허리 아프다며 수시로 자세를 바꿨다. 요즘은 뭉탱이로 빠지는 머리카락 때문에 스트레스를 받는다. 매일 아침 화장실 배수구에 시커멓게 빠져 있는 아내 머리카락을 볼 때면 마음 아프다.

비단 몸의 변화만 있는 것은 아니다. 임신으로 직장을 그만둬야 했다. 좋아하는 일을 찾기도 바쁜 20대에 출산과 육아를 위해 기꺼이 직장을 포기해야만 했다. 계약직으로 육아 휴직이 보장되지 않아 어쩔 수 없는 선택이었지만 아내도 "경력 단절 여성" 꼬리표를 피할 수 없었다. 솔직히 정규직이나 공무원이 아니고서야 임신과 출산, 육아로 차별받거나 불이익을 당하지 않는 여성이 어딨겠는가. 대한민국 여성이 겪는 현실이다. 자기 일을 찾고 역량을 키울 꽃다운 20대에 아내는 꿈을 찾기는커녕 아이를 돌보느라 정신없었다. 아이 키우는 엄마들에게 "육아할래? 일할래?" 물어보면 왜 다들 일하겠다고 하겠는가.

출산 후 아내의 관계망이 쪼그라들고 있다. 생각해 보면 아내는 혼자 외출하지 않는다. 친구들을 만나더라도 첫째와 둘째 중 한 명은 꼭 데려간다. 아내는 셋째가 태어나고 나서 혼자 나가는 것을 되레 미안해했다. 아무리 친구이지만 아이들을 데리고 나가면 누가 반길까. 친구들과의 만남이 줄어 관계가 점점 멀어질 수밖에 없다. 친구들의 자녀들이 나이대가 다르면 만나 지지 않는다. 또 비슷한 시기에 출산한 친구가 얼마나 되겠는가. 만날 친구가 없다던 아내의 말이 이제 와서 실감한다.

육아하는 아내에게 가장 필요한 것은 무엇이라 생각하는가.

커피 한잔 마시는 잠깐의 여유도 육아하는 아내에게는 사치다. 하루종일 아이를 보고 있으면 정작 자기는 밥때를 놓치기 부지기수다. 모처럼 앉아서 밥을 먹으려고 하면 잘만 자던 아이도 깨서 보챈다. 어느 날 아내가 하도 우는 둘째 때문에 도저히 밥을 못 먹겠다며 영상 통화를 걸어왔다. 둘째가 핸드폰에 집중하는 사이 어찌나 허겁지겁 밥을 먹어 치우는지. 왜 아이들 끼니 챙겨주다가 입맛이 떨어지는지 알겠더라. 주말 반나절만이라도 아내를 대신해 아이들을 돌봐보면 알 것이다.

육아에 시달리는 아내에게 무엇을 해줄 수 있는가. 남편 역시 아내 못지않게 공헌해야 한다. 적어도 아이들 때문에 자기 삶을 포기하고 희생하지 않도록 아내를 끊임없이 응원해야 한다. 아내가 포기한 꿈을 다시 꿀 수 있도록 격려하고 지지하자. 한창 이쁠 나이에 늘어진 티, 화장기 없는 얼굴, 헝클어진 머리를 하고 만성 피로까지 어깨에 짊어진 아내를 더 아끼고 사랑하는 수밖에 다른 방법이 없다. 남편의 관심과 사랑, 따뜻한 말 한마디가 우울한 아내를 살린다.

워킹맘의 비애

2019년 8월, 근무지였던 학교는 여름방학이었다. 보통 방학에는 도시락을 싸거나 집에 가서 점심을 먹는다. 그날은 집에서 점심을 먹으려고 학교를 나섰다.

그날따라 햇볕이 따가웠고 몇 걸음 떼자마자 숨이 차오르기 시작했다. 교문을 나서자마자 귀찮음이 스멀스멀 올라왔다. 대충 때우기로 마음먹을 때 버스정류장 옆 햄버거 가게가 눈에 들어왔다. 조금도 망설이지 않고 바로 가게에 들어갔다. 주문한 햄버거와 아메리카노를 기다리고 있는데 주인아주머니와 어느 손님과의 대화가 적막한 가게 안을 깨웠다.

"딸은 내가 하고 싶어서 일하는 줄 알아!"

주인아주머니는 "나도 쉴 수 있다."라며 말끝을 흐렸다. 말에 서운함이 묻었다. 주인아주머니는 "일해야 하니까 하는 거지, 나도 쉬고 싶다."라며 신세한탄을 늘어놓기 시작했다. 주인아주머니의 하소연은 흩어지지 않고 가슴을 콕콕 찔렀다. 첫째 임신과 출산으로 일을 그만둬야 했던 아내가 떠올랐기 때문이다.

아내는 경력 단절 여성이다. 2015년 첫째를 임신하고 출산하면서 일을 그만뒀다. "비정규직 엄마"의 현실은 냉혹했다. 아이를 키우는 대가는 혹독했다. 아내는 아이를 키우는 내내 다시 일할 수 있을까 걱정했다. 일할 수 없다는 막연한 불안감에 시달렸다. 솔직히 일하고 싶다고 해서 바로 취업할 수 있는 것도 아니다. 아내는 매번 1차 서류 심사에서 좌절감을 느껴야만 했다. 이어지는 취업 실패로 아내의 자존감은 바닥까지 떨어졌다.

채용 신청서를 쓰던 어느 날 아내는 "경력 단절 여성" 꼬리표를 뗐다. 일을 그만둔 지 4년 만에 다시 일할 수 있게 된 것이다. 하지만 기쁨도 잠시 아내는 일을 시작한 지 6개월 만에 그만둘까 고민했다. 아내는 시간제 같은 시간제 같지 않은 일로 스트레스를 받았다. 주말 출근은 관례상의 이유로 시간 외 수당이 지급되지 않았다. 아내는 노동을 착취하는 비합리적인 시스템에 울분을 터트렸다. 무엇보다 왜 일을 해야 하는지 나름의 의미를 찾지 못했다. 좋아하는 일도 아니고 그렇다고 전망이 밝은 일도 아니었다. 아내는 일에 대한 의미도 확신도 없이 단지 일해야 한다는 압박감으로 떠밀리듯 일하게 된 것이다. 당연히 일에 대한 만족감이 떨어질 수밖에 없었다.

아내는 출근할 때마다 도살장에 끌려가는 소처럼 괴로워했다. 끼니를 거르는 것은 다반사였다. 쉬는 시간도 없이 계속 다음 수업이 이어졌다. 아내는 수업 시간에 화장실 갈까 봐 물도 마시지 않았다. 어린이집 곳곳을 다니며 수업해야 했기 때문에 장거리도 마다하지 않고 운전했다. 한 번은 밤사이 눈이 많이 내려 출근길이 무섭다고 했다. 그런 날이면 퇴근 후 녹초가 된다. 하지만 육아와 집안일로 제대로 쉴 수 없다. 처음 해보는 일 때문에 아이들을 재우고 밤늦게까지 다음날 수업 준비를 해야 했다. 아내는 일과 육아의 버겁고 팍팍한 일상이 반복됐다.

힘들어하는 아내를 볼 때마다 걱정됐다. 아내는 일하면서부터 변하기 시작했다. 점점 예민해지고 쉽게 피곤해했다. 아이들을 대하는 태도도 사뭇 달라졌다. 아이들에게 화를 내거나 감정적으로 대했다. 그런 모습을 지켜보는 나의 감정도 요동쳤다. 이러다가 육아와 일 모두 잃게 생겼다. 아내는 어느 하나 제대로 할 수 없는 상황에 직면했다.

"여보! 괜찮아. 힘들면, 그만둬도 돼."

처음 아내가 일하겠다고 했을 때 누구보다 지지했다. 솔직히 경제적인 이유는 아니다. 아이만 키우다가 삶이 끝날지 모른다는 아내의 불안감을 덜어주고 싶었다. 경력 단절로 불안해하던 아내가 불안을 떨치고 자존감을 되찾길 바랐을 뿐이다. 무엇보다 하고 싶은 일을 찾고 자신의 꿈을 위해 살길 원했다.

"어쩌면 마지막 기회일지 몰라!"

아내는 다시는 일을 할 수 없을 거란 생각에 뭐라도, 닥치는 대로 하려고 했는지 모른다. 결국 아내는 고민 끝에 일을 그만두었다. 아내는 다시 "경력 단절 여성"이 되고 말았다.

주인아주머니의 하소연을 들으며 아내는 일하고 싶어서 일자리를 알아봤을까 궁금해졌다. 일하지 않아도 먹고사는 문제에 고민이 없었다면 서둘러서 일하지 않았을 것이다. 적어도 다시 돌아갈 직장이 있었다면 불안해하지도 않았겠지. 내키지 않은 일을 시작하지도 않았을 테고 어렵게 구한 직장을 그만두는 일도 없었을 것이다. 어쩌면 자기와 엄마의 삶 사이에서 충돌하는 워킹맘의 비애일지도 모른다.

"경단녀"가 된 아내가 커리어를 이어가 자신만의 꿈을 꿀 수 있는 세상이 오길 바란다.

육아맘의 현실 외출

아내가 어느 날 친구들과 약속이 있다며 나갔다 와도 되냐고 조심스럽게 물었다. 아내는 두 아들을 두고 외출하는 게 미안했는지 괜찮겠냐고 재차 물었다. 그 당시 아내는 셋째 임신 중이었고 출산하면 당분간 친구들을 못 만날 것 같다고 했다. 지금 아니면 언제 또 만나겠는가. 아내에게 다녀오라고 했다.

"걱정하지 말고 다녀와."

"애들은 내가 재울게."

금방이라도 나갈 것 같더니 아내는 애들 밥을 먹이고 가야 마음 편할 것 같다며 저녁을 준비했다. 아내는 저녁밥을 먹이고 나서야 나갈 준비를 했다. 부랴부랴 화장하고 옷을 챙겨 들고 현관문을 나섰다. 준비하는데 5분도 채 안 걸렸다. 평소에도 꾸밀 시간이 없어 간편한 차림에 대충 모자를 눌러쓰고 나간다.

오랜만에 친구들을 만나서 그런지 몰라도 아내의 얼굴에 미소가 떠나지 않았다. "나가려면 빨리 나가지." 이것저것 챙기며 꾸물대는 아내가 답답했다. 지금 나가도 친구들과 두세 시간밖에 만날 수 없는데 말이다. 나갈 때까지 미안해 몸 둘 바를 모르는 아내 모습에 짠했다. "여보! 제발 나가라고." 제발.

"애들 잠들었어!"

"이제 마음 편히 놀다 와!"

아내에게 아이들을 재웠다는 승전보를 알렸다. 걱정하지 말고 친구들과 좋은 시간 보내고 오라고 카톡을 보냈다. 하지만 연이어 보낸 카톡에 아내는 연락이 없었다. 오랜만에 친구들과 수다를 떠느라 연락이 온 지도 모르나 생각했다.

띠리링. 한참 드라마 본방 사수를 즐기고 있을 때 현관문 여는 소리가 들렸다. 아내는 외출한 지 2시간도 안 돼서 들어왔다. 친구들이 아내에게 어서 들어가라고 말했다고 한다. 아내는 남편 걱정하는 친구들의 성화에 못 이겨 들어온 것이다.

처음으로 아내에게 친구들이 가란다고 가는 사람이 어디에 있냐고 따졌다. 진정 아빠 육아를 원한다면 남편에게 아이를 돌볼 기회를 주자. 아내를 대신해서 아이를 돌봐봐야 아내의 고충을 이해할 수 있다.

가족을 위해서라도 자기를 위한 시간을 가져야 한다. 아이를 키우다 보면 답답할 때가 있다. 만사가 귀찮고 싫다. 이유 없이 마음이 울적해지면 혼자만의 시간이 필요하다는 신호다. 애써 견디지 말고, 참지 말아야 한다. 아내는 참다 참다 결국 아이에게 폭발하게 되고 남편은 예민해진 아내 눈치 보느라 신경이 곤두선다. 부부 싸움의 원인이 될 수 있다.

    남편은 남편 나름대로 아이를 잘 돌본다. 단지 기회가 없었을 뿐, 막상 현실로 닥치면 해내는 것이 아빠다. 강조하지만 아이와 보내는 시간이 절대적으로 적은 남편에게 의도적으로 아이를 맡기자. 독박 육아에 시달리는 육아맘은 더더욱 자기를 위한 시간을 비워둬야 한다. 남편에게 아이를 맡기는 것에 대해 미안해하지도, 불안해하지도 않았으면 한다. 남편은 나서서 아내에게 외출을 선물하자. 아내들이여, 뒤도 돌아보지 말고 나가라. 진정한 육아 동지는 서로서로 재충전의 시간을 지켜준다.

#정작 자기 옷을 못 사는 아내

아내가 오랜만에 친구들을 만난다며 신나 했다. 하지만 아내의 들뜬 마음은 오래가지 못했다. 옷방에서 나온 아내는 어떤 옷을 입고 나갈지 모르겠다며 툴툴거리기 시작했다.

"이 옷은 괜찮아?"

아내는 옷을 갈아입을 때마다 몇 번이고 되물었다. 패션 테러리스트에게 코디를 논하다니 진땀 흘릴 수밖에. 아무리 위아래로 훑어봐도 뭐가 다른지 그 옷이 그 옷 같았다. 똑같은 흰색의 블라우스다. 디테일한 차이를 눈을 씻고 봐도 모르겠다. 아내는 성의 없는 반응에 입을 옷 하나 없다며 입을 삐죽거렸다.

돌이켜보니 아내는 외출할 때마다 입을 옷이 없다고 했다. 거울에 비친 모습을 보고 스트레스를 받았다. 출산 전에 입었던 옷들이 안 맞는다는 볼멘소리를 자주 했다. 사실 두 번의 임신과 출산으로 늘어난 체중이 빠지지 않았기 때문이다. 출산 후 산후조리를 제대로 하지 못해 몸이 덜 회복한 탓이 크다. 아내 눈에는 뭘 입어도 마음에 들지 않았다. 아내는 자존감이 떨어진다는 말까지 했다.

"차라리 지금 몸에 맞는 옷을 사는 것은 어때?"

아내가 시무룩할 때마다 새 옷을 사라고 무심하게 말했다. "운동하는 것보다 새 옷을 사는 것이 빠를지 몰라." 아내 속이 뒤집히는 줄도 모르고 눈치 없이 말하곤 했다.

어느 날 장수연 저자 [처음부터 엄마는 아니었어] 책을 읽다가 남편들에게 하는 말에 꽂혔다. "아이의 옷, 장난감, 유모차를 사는 게 내 쇼핑이냐? 도끼눈 좀 뜨지 마라. 정작 내 옷은 사지도 못했다. 뭘 사야 하는지 찾아보는 것도 육아에 속한다. 얼마나 시간과 품이 드는지. 당신도 한번 해보고 얘기하자."

아내도 정작 자기 옷은 못 샀다. 아내는 항상 자신보다 가족을 먼저 챙겼다. 그러다 보니 정작 본인이 필요한 것은 사지 못한 것이다. 말이 쇼핑이지 아내가 사는 물건은 전부 육아용품과 생필품이다. 자기 물건은 쇼핑몰 장바구니에 담아놓고 잊어버렸다. 생활비 걱정에 자기 욕구를 살필 겨를이 없었겠지만 말이다. 아내라고 왜 사고 싶은 게 없을까. 책을 읽다가 괜스레 가족을 먼저 챙기는 아내에게 미안했다.

생각해 보면 엄마는 그런 존재인가 보다. 솔직히 내 어머니가 무엇을 좋아하고 싫어하는지 잘 모른다. 어머니는 항상 가족이 우선이었다. 좋은 것을 사주지 못해서 늘 미안해했다. 지금도 항상 자식들 챙기느라 바쁘다. 자신의 욕구는 철저히 숨긴다. 생선 대가리가 맛나다며 두툼한 생선 살코기 주던 어머니, 어머니도 살코기를 잘 드신다는 것을 어릴 때는 왜 몰랐을까.

    당신도 자식과 남편을 먼저 챙기는가. 가끔은 눈 질끈 감고 자기를 위해 쇼핑하자. 이쁜 옷도 사 입고, 조금 사치스러워 보여도 괜찮으니 당신에게 콧바람 쐬는 일을 멈추지 말자. 다시 한번 더 당부하고 싶다. 누구의 아내, 누구의 엄마로 살지 말고 당당히 당신의 이름으로 살았으면 좋겠다. 자신의 욕구를 장바구니에만 담아놓지 말아야 한다. 남편과 자식들이 당신의 괜찮다는 말을 곧이곧대로 믿지 않게 하기 위해서라도.

아내에게 혼자만의 시간을 선물하라

아내는 주말에 친구들을 만나도 되는지 조심스럽게 물었다. 말이 떨어지기 무섭게 "나가고 싶어, 빨리 대답해 줘." 현기증 난다는 표정으로 쳐다봤다. 아내는 가고 싶은 마음을 숨기지 못했다. 그래도 두 아들을 집에 두고 나가는 것이 신경 쓰였는지 "아이들을 두고 가도 돼?" 이내 나근나근 상냥한 표정을 지었다.

누구나 혼자만의 시간이 필요하다. 혼자만의 시간 없이는 자기 삶을 돌아보지 못한다. 온전한 나로 살기 위해서 아이 키우는 부모는 더더욱 혼자만의 시간을 가져야 한다.

아내와 달리 마음만 먹으면 혼자만의 시간을 가질 수 있다. 출퇴근하면서 걷는 10분 동안, 직장에서 마시는 커피 한 잔, 직장 동료들과 먹는 여유로운 점심 식사로도 충분하다. 심지어 학교 급식을 먹어서 영양 만점이다. 숨 돌릴 시간을 만들라면 얼마든지 만들 수 있다. 반면 아내는 숨 돌릴 여유가 없다. 애들을 보면서 쉬는 게 가능하겠는가. 하루만이라도 아내 대신 아이를 돌봐

봐라. "차라리 일하는 게 낫겠다."라고 생각할 것이다.

아이가 어리면 어릴수록 한시도 눈을 뗄 수 없다. 커피 한 잔 마시는 것도 사치다. 아내는 싱크대 옆에 서서 허겁지겁 밥을 먹는다. 그마저도 요리하다 보면 밥맛이 떨어져 끼니를 거를 때가 많다. 아이들이 잠잘 때나 잠깐 쉴 수 있다. 하지만 아내는 자투리 시간에 쉬지 않는다. 밀린 집안일을 한다. 그제야 빨래를 돌리고 넌다. 장난감으로 널브러져 있는 집을 정리하고 청소기를 돌린다. 아내는 육퇴 후에도 끝이 안 보이는 육아와 집안일로 바쁘다.

아내는 집안에 갇혀있는 거나 다름없다. 아무리 산이 보이고 바다가 보이는 햇살이 들이비치는 거실이 있어도 집에만 있으라고 하면 답답한 것이다. 하지만 아내는 따닥따닥 붙어있는 앞집 담벼락이 보이는 빛 하나 들어오지 않은 거실에서 아이들을 돌봤다. 온종일 집에만 있기 얼마나 답답했을까. 어쩌면 아내는 퇴근하기만을 기다리며 버티고 있었는지 모른다. 아내는 알게 모르게 육아 스트레스가 쌓이고 있다.

스트레스는 관리하는 수밖에 다른 방법이 없다. 스트레스를 풀지 못하면 사소한 일에도 예민해진다. 아이에게 하는 말과 행동이 감정에 따라 달라져 일관되게 반응하지 못한다. 아이와의 관계가 나빠질 것이 불 보듯 뻔하다. 솔직히 아이를 감정적으로 대하는 아내를 보면서 힘들었다. 아이들에게 예민하게 반응하는 아내를 보고 감정이 요동쳤다. 부모는 부모 대로 힘들고 아이는 아이 대로 억울한 상황이 벌어진다.

    아내가 친구들과 약속을 잡으면 등 떠밀며 나가라고 한다. 반나절이라도 나갔다 온 아내는 다른 사람이 되어 돌아온다. 표정부터 다르다. 집안에 감도는 묘한 긴장감이 사라졌다. 아내의 변화된 모습을 보고 단 몇 시간이라도 집 밖으로 내보내야 한다는 것을 깨달았다. 아내에게 한 달에 한 번 혼자만의 시간을 선물해 보는 것은 어떨까. 더는 혼자만의 시간이 어색하고 낯설지 않게 배려해줘야 한다. 잠깐이라도 나갔다 오라고 하면 뭘 해야 할지 몰라 답답함을 느끼는 게 아내이자 엄마다.

남편은 아내 전담 마사지사

나는 아내 전담 마사지사다. 아내 마사지사로 일한 지 벌써 8년 차다. 매일 밤 아이들을 재우고 나면 마사지사가 된다. 이 정도면 마사지사 자격증을 따지 않아도 전문가라고 자부할만하다. 나이가 들어도 아내 전담 마사지사를 자처할지 모른다. 이왕 이렇게 된 마당에 마사지 자격증이나 딸까 보다. 어쩌면 아내가 가장 바라는 자기 계발일지 모르겠다.

아내가 첫째를 임신했을 때 몸에 튼살이 피어났다. 아내의 피부는 가뭄에 논바닥처럼 갈라졌고 거칠어졌다. 아내의 배에 거미줄 친 듯 튼살이 퍼져갔다. 아내의 몸이 변하는 것을 보고 그제야 임신했음을 실감했다. 튼살과 함께 아내의 걱정도 늘어만 갔다. 아내는 예전 몸으로 다시 돌아갈 수 없어 슬퍼한다.

아내 전담 마사지사가 된 이유다. 아내는 임신 막달로 갈수록 허리 통증이 심했다. 아내는 잦아진 소변 때문에 새벽마다 잠에서 깨야 했다. 심해진 입덧으로 음식 냄새는 맡지 못했고 속이 답답한지 계속해서 가슴을 쿵쿵 내리쳤다. 토할 것 같다는 말을 입에 달고 살았다. 하필 부종까지 있어 손발이 퉁퉁 부었다. 혈액순환이 안돼 손끝 발끝이 저리다고 했다.

남편이 아내의 마사지사가 되어야 하는 이유는 따로 있다. 마사지는 임신 부종에 탁월할 뿐만 아니라 태교에도 도움 되기 때문이다. 무엇보다 소원해진 부부관계에 도움 된다. 출산 후 줄어드는 스킨십을 되살리는 방법이기도 하다. 살다 보면 부부관계는 서로의 노력으로 유지된다는 것을 깨닫게 될지 모른다.

어느 날 아내가 괄사를 샀다. 괄사는 림프순환 마사지, 얼굴 혈 자리 마사지, 종아리 알 마사지를 할 수 있다. 무엇보다 힘들이지 않아도 시원하게 마사지해 줄 수 있어 좋다. 마사지를 하려면 오일은 필수다. 오일로 피부 마찰을 줄여야 피부 손상을 예방할 수 있다. 괄사는 모양도 다양하고 도자기, 나무 등 재질도 천차만별이다. 세균이 번식되지 않도록 조심하기만 하면 된다.

아내는 세 아이 모두 재우고 나면 거실에 수건을 깔고 마사지 오일과 괄사를 주섬주섬 챙긴다. 보란 듯이 거실에 수건을 깔고 엎드려 눕는다. 가끔 귀찮아 일부로 딴짓하지만 어림없다. 아내는 엎드려 누워 발로 까닥까닥 다리를 툭툭 치며 마사지하라고 재촉한다. 한 번은 아이들을 재우다 잠든 적이 있다. 그날 아내는 자는 나를 기어코 깨워 마사지를 받았다.

아내에게 마사지란 어떤 의미일까. 집안일과 육아로 지친 몸과 마음을 깨우는 의식과도 같다. 간혹 당연히 여기는 아내의 발짓이 얄밉기는 하지만 지금도 아내 종아리를 마사지하는 이유는 아내의 유일한 육아 탈출구라는 것을 알기 때문이다. 가끔 늙고 주름진 아내 발을 마사지하는 백발 남편의 모습을 떠올리곤 한다. 손을 잡고 산책하는 노부부처럼 아름답지 않을까. 허락한다면 오일을 바르고 괄사를 쥘 수 있을 때까지 마사지하리라. 마사지는 임신과 출산으로 힘든 아내에게 해줄 수 있는 최고의 남편 노릇이다.

아빠는 주말 요리사

"오늘 아침 메뉴는 뭐야?"

어느 주말 아침, 늦잠 자는 아내를 깨웠다. 아내에게 아침 메뉴를 물었더니 눈살을 찌푸렸다. 아내는 간신히 몸을 일으키면서 한 마디 쏘아붙였다. "왜 여자만 요리해야 하냐고." 분명 웃으면서 말했는데 말에 뼈가 있다. 잠자는 사자의 코털을 건든 줄도 모르고 눈만 껌벅거렸다. 그래서 메뉴는 뭐라고?

"내가 무슨 밥 해주려고 결혼했어?"

"주말이라도 오빠가 해야 하는 거 아냐?"

아내 말을 듣고 한 방 먹었다. 스스로 가부장적인 남자가 아니라고 자부했지만 매일 아침 갓 지은 따뜻한 밥을 내심 기대했는지도 모른다. 가끔 퇴근 후 맛있게 차려진 밥상을 상상하곤 할 때마다 눈이 번쩍 뜨인다. 아내의 말을 듣고 남자 여자가 해야 할 당연한 일은 없다는 것을 새삼 깨달았다.

당신도 육아나 집안일에 남자 여자 구분하는가. 남자 여자의 일이 따로 있는 것이 아니다. 상대 배우자보다 더 잘할 수 있는 일을 하면 그만이다. 설거지를 누가 하면 어떠하리, 싱크대에 쌓인 설거지 거리를 본 사람이 고무장갑을 끼면 된다. 요리하는 아빠, 전등 가는 엄마가 어색하게 느껴지는 것은 아직도 오래된 성역할에 대한 고정관념을 깨지 못한 탓이다.

결혼 전 아는 형님이 깨알 같은 조언을 했다. 적어도 주말만큼은 가족들을 위해 직접 요리하라는 것이다. 요리에 서툴러도 남자가 주방에 가는 것을 꺼리면 안 된다고 했다. 한마디로 남편이 가족을 위해 몇 가지 요리할 줄 안다면 좋은 남편이자 아빠가 아니겠냐는 말이었다. 사실 아내는 남편에게 거창한 요리를 기대하지 않는다. 계란밥, 볶음밥, 유부초밥 정도 할 줄 알면 충분하다. 솔직히 요즘은 남편이 요리를 더 잘한다.

덮밥류가 만들기 쉽고, 아이들에게 인기 좋다. 라면 봉지에 쓰여있는 대로 만들어야 호불호가 없듯이 포장지 뒷면에 있는 레시피 대로 만들면 된다. 당근, 호박, 표고버섯을 깍두기 모양으로 한 주먹씩 썰어 그릇에 담아두면 준비 끝. 카레용 돼지고기를 펜에 기름을 둘러 볶은 다음 썰어 놓은 야채를 펜에 넣는다. 노릇노릇 익어갈 때쯤 물을 자박자박 붓고 카레 가루를 넣는다. 지글지글 끓이면 그럴싸한 3분 카레가 완성된다.

가끔 고등어나 갈치살을 발라 아이들이 잘 먹지 않는 시금치나 멸치조림을 잘게 썬 다음 밥과 비벼 주먹밥을 만들어 준다. 그마저도 힘들면 김자반에 밥을 비벼 먹이면 된다. 아니면 누룽지라도 끓여라.

결혼 생활에 취사병과 함께 한 군 생활이 도움 될지 몰랐다. 요리는 못해도 칼질 하나는 자신 있다. 동강동강 자르는 것부터 빠르게 송송 썰 수 있다. 아이들은 갖은 재료를 다듬고 칼질하는 모습이 신기한지 요리하는 옆을 떠나지 않는다. 아이들은 싱크대 주변에 서서 자기도 도울 게 없는지 찾는다. 자연스러운 요리 수업이다. 아이들의 반응을 보면서 요리하는 아빠의 모습 자체가 자녀 교육이라는 것을 믿게 되었다.

사실 아이들도 가끔 받는 아빠표 밥상을 더 좋아한다. 매일 먹는 아내 밥상보다 인기 만점이다.

"아빠가 만든 음식이야, 맛있게 먹어주면 좋겠어!"

아빠가 만든 음식은 밥상머리교육에도 효과적이다. 아들이 어느 때보다 숟가락질이 빨라진다. 앉은자리를 한번 뜨지 않고 게 눈 감추듯 먹어 치운다. 첫째가 "아빠 최고."라며 엄지손가락을 치켜세우고 먹는다. 아이들에게 "골고루 먹어라.", "앉은자리에서 먹어라.", "꼭꼭 씹어 먹어라." 잔소리할 필요가 없다.

육아든 집안일이든 팀워크가 중요하다. 아내가 밥을 차리면 나는 설거지, 아내가 빨래를 돌리면 건조대에 널거나 개는 것은 내 몫이다. 비록 이유식을 만들겠다고 호언장담한 약속은 지키지 못했지만, 주말만큼은 아이들과 아내를 위해 요리를 하겠다. 주말은 뭐라도 거들어야겠다.

이벤트 준비는 아이들과 함께

벚꽃 피는 4월 3일은 아내의 생일이다.

"내일은 엄마 생일이니까, 서프라이즈 이벤트 어때?" 아내 생일 전날 유치원 하원 길에 아들을 꼬드겼다. 아들에게 엄마한테 어떤 선물을 하면 좋을지 물었다. 아들은 "아이스크림을 살까? 아니면 치즈 케이크를 살까." 한참을 생각했다. 한동안 생각에 빠진 아들이 엄마는 빵을 좋아한다며 케이크를 사자고 했다.

"유호야! 무슨 케이크를 살까?"

아들은 진열된 케이크를 유심히 바라봤다. 아들은 딸기 생크림 케이크와 초콜릿케이크를 번갈아 가며 쳐다봤다. 아들이 엄마는 치즈 케이크를 좋아한다며 신나 했다. 한참을 둘러보던 아들은 계산대에 케이크를 올리고 빵집을 둘러보았다. 아들이 엄마한테 이거 사주면 좋아하겠다며 꽃 모양 초콜릿을 가져왔다. 사실 자기 먹을 것을 고른 것이다. 아들의 뻔한 속셈을 눈치챘지만, "엄마가 초콜릿 좋아하는 거 어떻게 알았어?" 장단 맞추며 모른 척하고 샀다. 배스킨라빈스 가자는 아들을 겨우 말렸다.

"생일 축하합니다. 사랑하는 우리 엄마, 생일 축하합니다."

매년 아내 생일날이 되면 아이들과 생일 축하 노래 부른다. 노래도 그냥 부르는 법이 없다. 기타, 멜로디언, 뽀로로 악기 장난감으로 말도 안 되는 연주를 하면서 우스꽝스럽게 춤을 춘다. 아이들도 자지러지며 따라 부르는데 분위기를 한껏 띄운다.

이벤트를 대하는 남편의 자세는 다음과 같다. 아내 생일과 결혼기념일만큼은 그냥 지나치면 안 된다. 잊지 말고 꼭 챙겨야 한다. 당장 D-day 앱을 설치하고 중요한 기념일을 저장해 놓자. 처음 사귄 날은 차치하더라도 아내 생일, 결혼기념일만큼은 알람 설정해 놓아야 한다. 아내는 다른 거 바라지 않는다. 오뚜기 미역국이라도 손수 끓여주면 감동한다. 아내는 엄마 생각나는 시골 밥상보다 자신을 생각하며 차린 남편 밥상에 더 감동한다.

아내는 아내와 엄마이기 전에 한 여자다. 이왕이면 화이트데이, 로즈데이도 챙기자. 여자는 무심하게 주는 꽃 한 송이, 신문지에 둘둘 말린 꽃다발에 감동한다. 무슨 무슨 데이가 다가오면 아들에게 이벤트 하자고 꼬드긴다. 아들과 함께 색종이에 손 편지를 쓰기도 하고, 꽃집에 가서 아내에게 줄 꽃을 아들에게 고르게 한다. 이제는 특별한 날이 다가오면 아들이 먼저 꽃집에 가자고 말한다. 동네 마트에서 초콜릿이라도 사라.

아이들은 부모와 함께한 순간을 기억한다는 말이 있다. 아이는 부모와 어디를 가고 무엇을 먹었는지 중요하지 않다. 부모와 함께 한 순간순간 감정들이 모이고 쌓여 아이들에게 좋은 추억으로 남는 것이다. 물론 아이가 클수록 어린 시절 기억은 점점 흐릿해지겠지만 훗날 아이들이 부모를 떠올렸을 때 자기 자신을 사랑해 준 엄마, 아빠였다고 생각한다면 그보다 큰 감동이 어디에 있겠는가. 아이들에게 엄마를 사랑한 아빠가 되어야 한다. 지금 이 순간에도 아이의 세포 하나하나에, 무의식 속 깊은 어딘가에 차곡차곡 새겨질 테니 매 순간 정성을 다해 사랑하지 않을 수 없다. 사랑꾼 남편에게서 사랑꾼 아들이 자란다.

#1분 데이트

[잘 되는 집은 아빠가 다르다] 책 저자 구근회는 훌륭한 아빠가 되기 위한 비법을 소개한다. 저자는 일을 마치고 귀가할 때 반드시 초인종을 누른다고 한다. 도어록 비밀번호만 누르면 집으로 들어갈 수 있는 시대에 무슨 말인가 싶지만 그럴만한 이유가 있었다. 초인종 소리는 아빠의 귀가를 알리는 알람 소리이다. 저자의 말에 따르면 초인종 소리가 울리는 동안 아빠를 맞이할 시간을 벌어준다고 한다. 현관문으로 새어 나온다는 아이들의 뜀박질 소리는 아빠를 사랑하는 아이들의 마음과 같다.

"아빠! 오늘도 수고하셨어요. 사랑해요. 아빠."

아빠를 반기는 아이들은 사랑 자체라고 했다. 저자는 현관문에 서서 하루를 어떻게 보냈는지 안부를 나눈다고 한다. 자신을 반기는 아이들과 눈 맞춤하고 안아주는 시간이야말로 아빠 사랑을 키우는 방법이라고 했다. 1분이 채 안 걸리는, 그야말로 1분 데이트다. 쉬워 보이지만 여간 어렵지 않다.

저자가 말한 1분 데이트는 아니지만 매일 아침 아빠 사랑을 키우는 시간을 가진다. 현관문을 나서기 전에 아내와 아이들에게 잘 다녀오겠다고 인사한다. 아이들에게 "아빠 일하러 갈게. 뽀뽀."라고 말하면 서로 먼저 뽀뽀하겠다고 입을 삐죽 내민다. 7살 첫째는 컸다고 쭈뼛거리고, 4살 둘째는 울먹이며 닭똥집 모양으로 입을 삐죽 내밀고, 3살 셋째는 자기 키보다 큰 현관문 울타리를 부여잡고 배꼽 인사하며 옹알이한다. 마지막 의식은 아내와의 입맞춤인데 세 아이의 반응이 뜨겁다. 입 맞추는 모습을 보고 아우성친다. 뜯어말리다가도 입술이 떨어지면 못내 아쉬워한다. 아무래도 싫지 않은 눈치다.

세 아이를 키우면서 아이들에게 사이좋은 부부관계를 보여주는 것이야말로 최고의 육아법이라는 것을 깨닫는다. 지금 당장 아이들 보는 앞에서 아내에게 입맞춤해 보라. 아이들의 반응을 보면 왜 최고의 육아법인지 알게 될 것이다.

"출근할 때 항상 입맞춤해 줘."

돌이켜 보면 아내는 신혼 때부터 출근길에 입 맞춰달라고 부탁했다. 아내는 어찌 알았는지 최고의 아빠가 될 수 있도록 팁을 알려준 것이다. 아내와 입맞춤할 때 아이들은 엄마와 경쟁하듯 입술을 빼앗으려 한다. 현관문에 서서 안부 인사하는 1분 동안 깔깔 웃을 수 있어 좋다. 현관문을 나서는 마지막 순간이 행복하니 하루를 기분 좋게 시작할 수 있다.

아이들도 1분 데이트를 기다린다. 아이들이 퇴근 시간이 가까워지면 아빠는 언제 오냐고 묻는다고 한다. 나중에 알고 보니 아이들은 퇴근 시간에 맞춰 아빠를 기다리고 있었다. 퇴근하고 현관문으로 들어가면 세 아이가 유아 안전 문에 나란히 서서 반기는데 어찌 안 웃을 수가 있나. 가끔 아이들이 좋아하는 붕어빵을 사 들고 가는 날이면 축제 분위기다.

매일 1분 데이트를 해보는 것은 어떨까. 아이들을 끌어안으며 "오늘도 수고했어."라고 말해보자. 1분 데이트는 하루를 끝내고 무사히 집에 돌아온 것에 대해 고마운 마음을 나누는 일이다. 1분 데이트는 가장 짧은 시간에 할 수 있는 가장 확실한 사랑 표현이다. 사랑은 표현하지 않으면 모른다. 아이들은 아빠가 환대해 줄 때 사랑받는다고 느낀다. 아이들이 자기 자신을 "환영받는 존재"라고 생각하고 느낄 수 있도록 해주자.

#좋은 남편 꿀팁

좋은 남편 꿀팁을 소개한다. 아이들과 가깝게 지내는 것, 아이들을 있는 그대로 받아주는 것, 아이가 스스로 선택할 수 있도록 배려하는 것, 아이에게 격려와 칭찬을 아낌없이 하는 것, 무엇보다 아내를 사랑하는 일이다.

네일 내일 구분 짓지 않기

"누군가는 해야 하는데 내가 안 하면 아내가 해야 한다. 사랑하는 사람이 힘든데, 안 할 수 없다." 동료 교사의 말이다.

시대가 변했다. 과거 바깥일은 남자, 집안일은 여자가 해야 한다는 생각은 버려야 한다. 고정적인 성 역할에 집착해 서로 떠넘기다 보면 감정만 상한다. 육아나 집안일을 성 역할로 구분 짓다 보면 당장 해야 하는 일, 할 수 있는 일이 눈앞에 있어도 배우자에게 미루게 된다.

상대방에게 안 되는 일을 계속 요구하거나, 기대하면 갈등만

커진다. 남녀 따지지 말고 정리 정돈에 탁월하면 청소나 서랍과 옷장 정리하고 요리를 잘하면 기꺼이 가족을 위해 음식을 만들면 된다. 누가 됐든 나서서 하자. "요리는 여자가 해야지."라는 등 고리타분하고 꽉 막힌 생각은 관계만 좀먹고 좋은 관계로 발전할 수 없다. 결국 변하지 않는 상대를 탓하고 비난하게 된다. 서툴더라도 함께 하면 즐겁다.

문득 아내가 생각나면 퇴근길에 꽃을 사자

세상에 꽃을 싫어할 여자는 없다. 차라리 돈으로 주라는 아내도 막상 꽃 선물을 받으면 소녀가 된다. 아내도 한 여자다. 엄마와 아내 역할에서 벗어나 여자이길 원한다. 넘사벽 사랑꾼인 최수종이나 션처럼 되자는 말이 아니다. 꽃다발을 주면서 문득 당신 생각나서 샀다고 해보자. 꽃은 "여자"이고 싶어 하는 아내에게 최고의 선물이다. 장미꽃 한 송이라도 괜찮다.

아이와 함께 아내에게 줄 꽃을 사자. 아이에게 "아빠는 엄마를 사랑하는구나!"라고 느끼게 해 줄 절호의 기회다. 최고의 자녀 교육이라고 생각한다. 꼭 특별한 날이 아니어도 된다. 아이 생일에, 기념일에, 문득 떠오른 날에도 아내를 생각하는 마음만 있다면 가능하다. 꽃 선물은 받는 사람도, 주는 사람도 설레게 한다.

아이에게 꽃을 고르게 하면 아이도 신난다. 아이 생일 때 "엄마 키워주셔서 감사합니다."라고 말할 수 있게 가르쳐 보자.

반나절이라도 좋으니 아내에게 휴가를 선물하자

주말은 빈말이라도 아내에게 쉬라고 말하고 아이와 놀자. 육아든 집안일이든 쳇바퀴 돌 듯 반복되면 녹초가 된다. 주말이면 아무것도 안 하고 그냥 쉬고 싶다. 게으름을 피우며 늘어지게 자고 싶다. 누워서 그동안 못 봤던 드라마를 몰아보고 싶다. 아내에게 "주말에 내가 아이들 볼 테니, 당신은 친구들 만나고 와." 한마디 해보는 건 어떨까. 주말 몇 시간이라도 아내에게 휴가를 주자. 미안해서라도 같이 나가자고 할 것이다. 그렇다면 가족들과 즐거운 하루를 보내라. 좋은 남편이 되는 길은 결국 가족을 먼저 생각하고 챙기는 것이다.

아이 일에 적극적으로 참여하자

아이가 다닐 어린이집을 찾을 때 신경 쓸 게 많다. 방문해서 눈으로 확인해야 한다. 전화 상담만으로는 충분하지 않다. 먼저 어린이집 환경을 확인해야 한다. 놀 수 있는 공간과 시설이 충분한지 살펴봐야 한다. 어린이집이 어떤 교육 철학으로 운영되는지 커리큘럼을 확인해야 한다. 원장 선생님은 친절한지 말투와 태도를 눈여겨봐야 한다. 아이를 돌보는 담임 선생님은 무조건 만나라. 아이와 관계를 잘 맺는지 꼼꼼히 따져 봐야 아이를 믿고 맡길 수 있다.

자녀의 일을 아내에게 떠넘기지 않아야 한다. 아내와 함께 아이가 다닐 어린이집이나 유치원을 찾아보고 선택하라. 아내 혼자 결정하는 것은 버거운 일이다. 발품 팔아야 좋은 집을 만나듯 어린이집도 마찬가지다. 아내와 함께 다니면서 어린이집이나 유치원 보는 눈을 길러야 한다. 그래야만 선택할 우선순위를 정할 수 있다. 내 아이와 맞는 곳을 찾을 수 있다.

남편들이여! 홀로서기를 하자

"여보! 지갑은?"

"여보! 자동차 키는?"

"여보! 리모컨은?"

요즘 나이가 들면 어린애가 된다는 말을 실감한다. 물건 찾을 때 "여보"를 입에 달고 산다. 물건을 어디에 두었는지 깜빡깜빡하는 것이다. 나도 왜 돌아서면 잊어버리는지 도대체 알 수 없다. 찾기도 전에 습관처럼 아내를 부르는 것이 잘못이다.

어느 날 아내가 하소연했다. "오빠만은 아닐 줄 알았는데, 나이 들수록 왜 그러는 거야.", "왜 자꾸 자기 물건을 나한테 찾는 거야."라고 한 소리 했다. 그날 아내는 작정하고 말했다. "오빠가 자고 일어난 이부자리는 개고, 샤워하면 오빠가 벗고 난 옷은 빨래통에 넣고 가야 하는 거 아냐?" 허물 벗어놓은 것 같다며 카톡으로 증거 사진을 보내왔다. 아내는 애 셋 챙기는 것도 진심 버겁고 힘들다고 했다. 아내의 말을 듣고 혼자서도 잘하는 일은 비단 아이들만의 문제가 아닌 것을 알았다. 화장실 문 앞에 벗어놓은 옷을 보고 쥐구멍이라도 찾고 싶었다.

아내는 애들 챙기기도 바쁘다. 도와주지는 못할망정 짐은 되지 말자. 남편은 아내에게 자신의 엄마 역할을 기대하지 말고 홀로서기를 해야 한다. 혼자서도 잘해야 부부로서 좋은 관계를 유지할 수 있다. 할 수만 있다면 아이들 등원 준비를 거들자. 전날 준비물을 챙겨준다든지 아침 양치질을 해준다든지 찾아보면 할 일이 차고도 넘친다. 그마저도 힘들다면 남편들이여, 혼자서도 잘하자. 남자는 나이 들수록 자립해야 한다. 자기의 일은 스스로 하자.

4장

/

행복한 나를 찾아서

자존감 낮은 아이가 세 아이 아빠 되다

어린 시절은 자존감이 낮은 아이였다. 음악 시간에 리코더 수행평가가 있었던 일이다. 차례를 앞두고 어찌나 긴장되던지 침만 꼴깍꼴깍 삼켰던 기억이 난다. "잘할 수 있을까." 의심하기 바빴고 친구들의 시선이 부담됐다. 주목받는 것이 불편했다. 실수라도 하면 친구들이 비웃을 것 같았다. 주변을 의식할수록 바짝 긴장했고 온몸에 잔뜩 힘이 들어갔다. 틀리면 어떻게 하지 생각하면 할수록 숨이 턱턱 막혔다. 결국 한 곡을 다 부르지 못하고 수행평가를 포기했다. 지금도 그때를 떠올리면 진땀이 난다.

시대를 잘 타고났으니 망정이지, 만약 초등학생 때 ADHD 검사를 받았다면 단연코 ADHD 아이였을 것이다. 산만하고 집중력이 부족한 아이로 낙인찍히지 않았을까. 돌이켜보면 시작은 창대하고 마무리는 미약했다. 뒷심 부족으로 그만두는 일이 많았다. 꼴에 자존심은 세서 남들에게 지기 싫어했다. 그래서 보여주기식으로 공부했는지 모른다. 모르는 문제가 나오거나 문제를 풀다가 막히면 진득하게 생각해서 풀지 못했다. 남몰래 답지를 들춰 봤고 거짓꼴로 풀이를 베껴 썼다. 혼자 채점하면서 만족해했다.

7살에는 오지랖도 넓어 골목대장을 자처했다. 문제는 약한 친구들을 집요하게 괴롭혔다. 강해 보이려고 노력했지만 사실 누구보다 마음이 여린 아이였다. 초등학생 때는 말 짓을 하다가 담임 선생님에게 자주 혼났다. 친구에게 돌을 던졌다가 학교 현관문 유리를 깼고 친구들과 복도에서 공을 차다가 복도 창문을 깨기도 했다. 여자 친구에게 짓궂은 장난을 쳐서 친구 부모가 집에 쫓아오기도 했다. 어머니는 사고 치는 아들 일에 수습하기 바빴다.

눈치 하나는 기가 막혔다. 말이 좋아 분위기 파악 잘하는 거지 사람들 눈치 보기 바빴다. 심리학에서 '착한 아이'라 불리는 의존적인 성향의 아이였다. 선택해야 할 때 스스로 결정하기보다 다른 사람들에게 결정권을 미뤘다. 회피하고 자기방어한 셈이다. 성인이 돼서도 우유부단한 성격은 쉽게 변하지 않았다. 자장면 먹을지, 짬뽕 먹을지 메뉴 고르는 것도 친구들이 먼저 고르길 바랐다. "좋은 게 좋은 거다." 라는 식으로 생각했다. 친구들과 다른 선택하는 것을 두려워했다. 양보라는 이름으로 나의 선택권을 포기한 것이다. 잘못되거나 나쁜 결과에 책임지지 않기 위해서, 누군가와 갈등이 생기는 것이 두려워서 선택을 미뤘다. 어쩌면 주변 눈치를 너무 살핀 탓에 정작 내가 무엇을 좋아하는지 몰랐던 것은 아닐까.

자존감은 나를 긍정적으로 인식하는 마음의 기준이다. '나는 괜찮은 사람이다.'라고 여기는 마음은 자신을 판단하고 사랑하는 마음의 시작점이 된다. 자존감이 높으면 삶의 태도와 모습이 긍정적으로 바뀐다. 자존감이 높은 사람은 어려운 상황에서도 긍정적인 태도를 유지할 수 있으며, 문제 해결 능력과 스트레스 대처 능력도 뛰어나다. 자존감은 외부 환경이나 타인의 영향으로부터 자신을 지켜 주기 때문에 요즘처럼 불안하고 불확실한 시대에는 자존감을 키우는 일이 더욱 중요해졌다. 결국, 자존감은 나답게 살기 위한 자양분인 것이다.

부모의 자존감이 곧 아이의 자존감이다. 자존감은 중요한 타인, 특히 어린 시절 부모로부터 영향을 받는다. 부모의 인정과 칭찬, 사랑과 관심, 돌봄으로 긍정적인 자아상을 만들기 때문이다. 어린 시절에 만들어진 긍정적인 자아상이 삶에 큰 영향을 미친다는 것을 아이 키우면서 깨달았다. 부모는 아이 스스로 자신을 괜찮다고 여기고 사랑할 수 있도록 도와야 한다.

아이의 자존감을 심어주는 방법은 구근회 저자 [잘 되는 집은 아빠가 다르다] 책에 소개되어 있다. "네가 태어나줘서 얼마나 행복한지 몰라.", "너는 세상에 꼭 필요한 유일하면서도 아주 특별한 사람이란다.", "네가 열심히 노력한다면 네 목표를 꼭 이룰 수 있을 거야." 저자는 아이에게 긍정적인 자아상을 심어주기 위해 소속감, 가치감, 자신감을 심어주라고 한다. 다시 말해 가족 일원으로서 기여할 수 있는 역할을 주고, 존재로서 의미 부여하고, 실수하고 실패하더라도 용기를 주는 일이다. 긍정적인 자아상을 심기 위해 스스로 다음과 같은 질문을 했다.

"가족과 함께 할 수 있어서 행복하다."

"아이들에게 일상을 함께하는 의미 있는 존재가 되자."

"노력하면 좋은 아빠가 될 수 있다."

아이를 키우면서 어린 시절 상처를 마주하지만, 되레 나를 더 이해하게 됐다. "아빠, 아빠" 바짓가랑이에 매달려 안아달라고 두 팔 벌리고 목말 태워달라며 등에 매달리는 아이들을 보면서 어린 시절 케케묵은 상처가 아문다. 어쩌면 나의 아버지도 나의 어린 시절처럼 아버지에 대한 원망과 분노를 억누르며 살았겠구나 싶다. 낮은 자존감이 대물림되지 않도록 나 자신을 사랑하겠다. 오늘보다 내일이 더 나은 아빠가 되기를 바란다.

아빠도 피할 수 없는 산후우울증

"당신도 출산하고 우울한 기분을 느꼈어?"

어느 날 아내가 산후우울증을 경험했는지 궁금했다. 아내에게 카톡을 보냈고 답장을 기다리면서 지난 5년을 돌이켜보았다. 아내도 아이를 낳고 죽고 싶을 만큼 우울했을까. 어쩌면 20대 어린 나이에 임신과 출산을 하고 아이를 키우면서 우울했는지 모른다. 행여 아내가 불행하다고 느꼈을까 봐 초조하고 겁났다.

"우울증? 느낄 새도 없이 지나갔어!"

"매일 오빠가 출근하고 나면 울었잖아!"

아내의 생각지도 못한 말에 놀랐다. 우울했다는 말보다 느낄 새도 없이 찾아왔다가 지나갔다는 말이 마음을 후벼 팠다. 아내도 힘들었구나 아내의 마음을 알아주지 못해 미안했다. 그때 처음으로 산후우울증 증상을 찾아봤다.

"Baby Blues" 베이비 블루스는 출산 직후 나타나는 산후 우울감을 말한다. 이때 기분을 좋게 만드는 신경전달물질을 분해하는 뇌 단백질 모노아민 산화효소 분비가 급증하여 우울 증세가 나타난다고 한다. 우울감이 생기고 기분 변화가 심해지는 이유이다. 이때 시도 때도 없이 눈물이 흐른다고 한다. 극심한 불안감과 스트레스는 수면 장애로 이어지고 악순환이 반복되면 빈도와 정도, 기간의 지속에 따라 산후우울증이라고 진단받는 것이다. 산후우울증이 무서운 병이라는 것을 그때 처음 알았다.

알고 보니 산후우울증은 엄마만 경험하는 것이 아니었다. 아빠도 피할 수 없다. 아내만큼 우울한 것은 아니지만 임신과 출산이 아니었으면 느끼지 못하는 감정들이 한꺼번에 들이닥친다. 아내가 처음 두 줄이 선명한 임신 테스트기를 내밀었을 때 꿈만 같았다. 아빠라는 생각에 행복했다. 하지만 아내의 배가 부를수록 복잡한 감정은 마음을 짓눌렀다. 점점 불러오는 아내의 배를 보고 가장의 책임감을 느꼈다. 그제야 아빠가 되는구나 실감했다. 무엇보다 교육복지사 벌이로 먹여 살릴 수 있을까 경제적인 부담감이 가장 컸다. 임신 4주 차부터 유산기가 있어 불안과 긴장감은 더했다.

"단단히 먹어라, 아이가 태어나면 버텨야 하니."

아내가 입덧했을 때 옆에서 먹덧했던 이유가 있었나 보다. 아이가 클수록 먹덧으로 불었던 체중이 쭉쭉 빠지기 시작했다. 그때 수면 부족이 우울감의 원인이라는 것을 실감 했다. 잘 자야 행복한데 저녁 늦게 잠드는 첫째 덕에 육아는 밤늦게까지 이어졌다. 새벽에 깨는 바람에 제대로 된 잠을 못 잤다. 그 뒤로 예민해졌고 감정 변화가 생겼다. 생각한 대로 되지 않아 짜증 나고 가끔 분노에 찼다.

남편의 우울감은 아내가 느끼는 우울감과 결이 조금은 다르다. 아빠가 되기 위해 겪는 숱한 감정들이 아내가 경험하는 감정에 비하면 한 줌의 모래알 같아 어디에 가서 하소연도 못한다. 남편은 자기표현에 서툴러서 우울해도, 스트레스를 받아도 자기 안으로 꾹꾹 눌러 담는다. 남편도 아내의 관심과 배려가 필요하다는 것을 알아주면 좋겠다. 출산 직후에는 서로 이해하고 배려하자.

고혈압이라니

 2021년 11월, 이러다 어물쩍 다음 해로 넘길 것 같아 미루고 미루었던 건강검진을 받았다. 솔직히 젯밥에 정신이 팔렸다. 건강검진보다 공가를 내고 하루 쉬는 것에 관심이 있었다. 전날까지만 해도 건강검진이 끝나면 뭐 할까 고민했으니 말이다.
 "이제 나도 적은 나이가 아니구나!"
 더는 자기 관리를 미뤘다간 큰일 나게 생겼다. 최고 혈압이 179가 나왔다. 혈압 수치를 보고 간호사가 의아하다는 표정을 지었다. 간호사는 원래 혈압이 높았냐고 물었다. 곰곰이 생각해 보아도 언제 마지막으로 혈압을 쟀는지 기억나지 않았다. 예전 기록을 살펴보던 간호사가 2년 전은 정상 범위 안에 있었다고 알려줬다. 간호사는 5분 뒤에 다시 재자며 편히 앉아 심호흡하라고 했다. 기다리는 5분 동안 혼자 앉아 별의별 생각을 다 했다.
 "도대체 2년 사이 무슨 일이 있었던 거야."
 그날 밤 혼자 거실에 앉아 생각에 빠졌다. 언제부터 혈압이 높아졌을까. 답답한 마음에 고혈압 증상을 찾아보았다. 여러 증상을 보다가 빈뇨가 눈에 들어왔다. 고혈압이 되면 빈뇨가 생긴다고 한다. 생각해 보니 몇 달 전부터 새벽에 깨 화장실을 들락날락했다. 새벽에 자주 깨다 보니 피곤했다. 하도 불편해서 일부러 저녁 7시 이후부터는 물을 마시지 않았다. 뒷골이 뻐근하고 당기는 듯한 느낌 말고는 별다른 증상이 없었다. 며칠 잘 쉬면 괜찮아질 줄 알았다.

그러다 문득 아내가 했던 말이 떠올랐다. 며칠 전 아내가 "요즘 왜 이렇게 예민하냐."라며 한마디 했었다. "오빠가 생리하는 줄 알았다."라며 걱정했다. 고혈압이면 예민해진다는데, 그래서 요즘 예민했나 뜨끔했다. 그러고 보니 부쩍 아이들에게 이유 없는 짜증이 늘었다. 예전에는 그냥 지나갔을 일에 대해 화를 내고 혼냈다. 고혈압 때문에 예민해진 건가, 예민해져서 고혈압이 생긴 건가. 어쩌면 알게 모르게 몸이 이상 신호를 보내고 있었던 것일지도 모른다.

조금만 신경을 쓰면 금방 혈압이 떨어질 줄 알았다. 매일 습관처럼 마시던 믹스커피를 끊었다. 육퇴하고 마시던 맥주 한두 캔도 쳐다도 안 봤다. 고혈압에 유산소 운동이 좋다고 해서 누워서 TV 채널 돌리는 삶을 과감히 청산했다. 아이들을 재우고 집

근처에 있는 학교 운동장에 나가 1시간 이상 걸었다. 하지만 불편한 느낌은 가시지 않았다. 가끔 가슴에 통증이 있었다. 심장이 간질간질하게 뛰면서 답답함을 느꼈다. 새벽에는 손이 찌릿찌릿 저려서 잠을 못 잤다. 며칠의 노력으로 한 번 높아진 혈압을 정상 수치로 되돌리기에는 역부족이었다.

"축하해요, 혈압약 세계로 입문한걸!"

"한 번 먹기 시작하면 평생 먹어야 해요."

결국 기저질환이 있는 마흔 가장이 됐다. 나이가 지긋이 든 약사에게 환대받으며 혈압약을 처방받았다. 집에 돌아가는 길 약봉지를 보며 뭔지 모르게 씁쓸했다. 어느 날 갑자기 죽을 수 있다는 불안감과 두려움을 안고 살아가게 생겼다. 아내와 세 아이를 두고 먼저 떠날 수 있다는 생각에 아찔했다. 아내보다 하루라도 더 살려면 이제부터라도 건강을 챙겨야지. 식단 조절과 규칙적인 운동은 물론, 마음 챙김의 과제까지 받았다. 더 아프기 전에 몸과 마음을 챙기자. 행복한 가정도 건강으로부터 시작하니까.

부정적인 감정 마주하기

첫째가 다섯 살이 되고 감정 조절에 실패했다. 어느 순간부터 아들의 행동 하나하나가 눈에 거슬리기 시작했다. 아들의 꼴을 보고 있자니 평정심을 유지하기 힘들다. 약 올리듯 아랑곳하지 않는 아들의 멈추지 않는 행동에 화난다. 꼴을 보고 있자니 압력밥솥 압력 조절기가 요란하게 울리듯 금방이라도 뚜껑 열릴 것 같다. 하루에도 몇 번의 고비를 넘기고 있다. 솔직히 언제 폭발할지 모르는 위태로움 속에서 간간이 버티고 있다.

미운 네 살, 누구나 겪는 육아 난제이기도 하다. 아이가 네다섯 살이 되면 아이와의 갈등은 피할 수 없다. 발달심리학에 따르면 네다섯이 되면 자율성과 주도성이라는 과제를 획득해야 하는 시기다. 아이는 자기 스스로 하려 들고 주도권을 가지려고 한다. 부모와 힘겨루기가 벌어지는 이유다. 건강하게 성장하고 있다는 증거이지만 그에 따른 감정 조절은 또 다른 문제다.

이 시기에는 아이들 양치질시키는 일도 험난하다. 밥을 먹고 양치질해야 하는데 아이들은 관심 없다. 분명 어린이집에서는 양치질을 잘한다고 들었다. 집에서는 왜 제대로 하지 않는 걸까. 벌써 때와 장소, 사람에 따라 말과 행동이 달라질 때인가 싶어 아이의 행동이 얄밉기 시작했다. 도대체 집과 어린이집에서 다르게 행동하는 이유는 뭐야.

아들은 몇 번 쓱쓱 닦아내고 치약 거품을 뱉어버린다. 구석구석 양치질하면 좋겠는데 아들은 장난만 친다. 아들은 양치질보다 세면대에서 물놀이하는 것에 관심이 있다. 콸콸 쏟아지는 물에 칫솔을 씻는 것이 재밌나 보다. 이 닦는 시늉만 하고 칫솔을 흐르는 물에 비비며 치약을 씻어 낸다.

출근길에 아들을 등원시켜야 해서 마음까지 급하다. 아들은 내 마음을 아는지 모르는지 칫솔을 입에 물고 이리저리 다닌다. 양치질하다 말고 칫솔을 아무 데나 놓는데 하루에도 몇 번 감정이 오르락내리락하는지 모르겠다. 마치 아들은 나의 한계를 시험하듯 화를 돋운다. 부글부글 올라오는 감정은 결국 아들의 손에서 칫솔을 가로채고 만다.

지나고 보니 화를 내는 것은 부질없는 일이었다. 솔직히 뒷감당이 더 힘들다. 아이들은 자기가 잘못한 행동에 대해 생각하지 못한다. 단지 혼낸 것에 서운해하고 되레 화낸다. 더 큰 어깃장과 감정 소모만 있을 뿐 지혜로운 해결 방법이 아니다. 숨을 고르면서 아이를 기다려 주는 일 말고는 다른 방법이 없다. 그게 아니면 차라리 그 자리를 잠시 피하고 아이가 스스로 하도록 기다리는 게 최선이다. 화를 내고 혼낸다고 아이가 바뀌는 것이 아니라는 것을 기억해야 한다. 부모는 아이의 말을 경청하고 그들의 생각과 의견, 감정을 존중하려고 노력해야 한다.

마음만 먹으면 민주주의적 부모가 될 줄 알았다. 하지만 민주주의적 부모 되기는 결코 쉬운 일이 아니다. 부정적인 감정이 올라올 때 마주하려고 애써야 한다. 부글부글 속이 끓어오를 때 3초 동안 심호흡하자. 그래야만 미움, 짜증, 화의 감정들을 알아차릴 수 있다. 아이에게 퍼붓고 싶은 말들이 목구멍까지 차올라도 즉각적으로 반응하지 않아야 한다. 요즘 아들에게 가시 돋친 말을 내뱉지 않기 위해 혀를 깨물고 있다. 잘못 거들었다간 오히려 관계를 더 어렵게 만들 수 있기 때문이다. 하고 싶은 말이 있어도 처음과 마지막 3초는 입 다물고 생각한다.

"화내지 말고 아이 말을 끝까지 들어보자."

#남편도 혼자만의 시간이 필요하다

세 아이 아빠에게 혼자만의 시간이란, 보다 전투적으로 사수해야 하는 것이다. 살면서 자신만을 위한 시간은 단 5분이라도 가져야 한다. 소진된 나를 위로하기도 하고 다시 시작할 힘을 주기 때문이다. 기계도 몇 날 며칠 계속 가동할 수 없다. 새로운 원료를 채워야 하고 기름칠은 물론 고장 난 부품을 교체해 줘야 오래 사용할 수 있는 것이다. 사람은 오죽하랴.

26평 아파트로 이사를 와서 나만의 공간을 찾았다. 목마른 사슴이 시냇물을 찾아 헐떡이듯이 숨은 공간을 찾아 헤맸다. 하지만 방 3개 달린 집에 다섯 식구가 살면서 나만의 공간을 찾겠다는 것은 어불성설이다. 이사 온 지 얼마 지나지 않아 안방과 작은방은 아이들의 차지가 되었다. 안방은 부부 둘만의 공간으로도 쓰지 못한다. 안방과 작은방, 거실은 아이들 재우는 곳으로 전락하고 말았다. 집 어디에도 혼자 머물며 시간 보낼 곳이 없다.

세 아이 아빠가 혼자만의 시간을 갖는 것은 쉽지 않다. 혼자 여행은 고사하고 이제 한 달에 한 번 커피숍이나 서점에 가는 것도 눈치 보인다. 세 아이 아빠의 혼자만의 시간은 의지의 문제가 아니라 염치의 문제라고 생각한다. 가끔 염치없이 세 아이를 아내에게 맡기고 커피숍이나 동네 서점에 가지만 마음이 편치 않다.

언제부터인지 몰라도 혼자만의 시간이 낯설어지기 시작했다. 하지만 뒤도 안 돌아보고 집을 나서는 것은 나를 위한 시간이 목말라서다. 커피숍에 혼자 앉아 생각에 빠지거나 서점에 가서 책만 봐도 기분전환 된다. 뭔지 모를 답답함과 축 처진 기분에서 벗어날 수 있다. 혼자 있을 때 비로소 마음의 평안을 되찾는다. 아이를 볼 때 마음이 한결 여유롭다.

2020년 코로나 바이러스의 급속한 확산으로 혼자만의 시간을 갖는 것은 더 어려웠다. 집에서 보내는 시간이 길어지면서 쌓이는 육아 스트레스를 풀 방법이 없었다. 코로나19 확산 이후 혼자만의 시간을 보내는 법이 자연스럽게 변했다. 어차피 집 밖에서 자유 시간을 못 가질 바엔 집안에서라도 혼자만의 시간을 보내기로 생각했다.

빨래를 털고 개는 재미에 빠졌다. 언제부터인지 건조대에 있는 빨래를 사수한다. 빨래를 갤 때 방해받고 싶지 않아 방문을 잠근다. 마른빨래를 창밖에다 툭툭 털 때마다 먼지와 함께 스트레스가 날아가고, 너저분하게 늘어놓은 빨랫감을 보기 좋게 갤 때 뭔지 모르게 개운하다. 복잡한 마음을 정리하는 느낌이다. 저녁 설거지를 사수하고 핸드폰을 들고 화장실에 들어가는 이유는 잠시라도 혼자 있고 싶어서다.

재충전을 위해 자투리 시간도 그냥 보내는 법이 없다. 차를 타고 이동하는 시간에 아이들 낮잠 시간이라도 겹치면 마냥 행복하다. 아이들이 듣던 동화나 만화 주제가를 끄고 최신 가요를 튼다. 촌스럽게 90년대 락발라드를 듣지만 말이다. 차를 타고 가족 나들이를 가면 나도 모르게 아이들이 곯아떨어지기만을 기다린다.

혼자만의 시간은 언제나 목마르다. 남편에게 두세 시간 동굴에 머물 시간을 선물하자. 육아 스트레스를 풀지 못하면 가정 내 불필요한 긴장감이 돈다. 스트레스가 쌓이면 부정적인 감정을 조절하지 못한다. 폭발하게 되면 공들였던 아이와의 관계는 틀어지고 부모의 일관되지 않는 반응에 아이는 혼란을 겪을 수 있다. 잠깐의 외출은 행복 육아의 선순환을 만든다. 다음 휴가를 위해 더욱더 잘하게 되더라.

#나는 지금 행복한가?

 사람은 살면서 가끔이라도 좋으니 "나는 지금, 행복한가"를 물어봐야 한다고 한다. 지난 삶을 돌아보며 앞으로 어떻게 살 것인가를 성찰하고 통찰해야만 삶을 올바른 방향으로 이끌 수 있다. 행복한 삶을 살 수 있는 것이다. 삶의 방향을 잃지 않기 위해서라도 뒤돌아봐야 한다. 제대로 아이를 키우기 위해서라도 나는 지금 행복한가를 스스로 질문하며 점검해 보자.

 당신은 행복한 삶을 살고 있는가? 각 개인의 행복을 지원하는 사회복지사지만 행복한 삶을 한마디로 딱 잘라 정의할 수 없는 것도 사실이다. 생각해 보면 사람마다 행복하다고 느끼는 상황이 다르다. 행복은 지극히 주관적인 기준이기 때문이다.

 누구에게 행복이란 퇴근 후 반겨주는 가족일 것이고, 누구는 주말에 술 한잔 기울일 수 있는 친구일 것이다. 누구는 행복을 고급진 코스 요리에서 찾지만, 누구는 어린 시절 먹었던 단출한 할머니 밥상에서 찾는다. 누구는 목표이자 만족할만한 성과라고 생각하지만, 누구는 실패하더라도 과정에 의미를 둔다. 단칸방에 살아도 행복하다고 느끼는 사람이 있는가 하면 멋들어진 한강이 보이는 고층 아파트에 살아도 불행하다고 느끼는 사람이 있다. 행복은 누구와 가늠하고 비교해서 헤아릴 수 있는 단순한 것이 아니다. 사람마다 행복한 순간이 다르다.

아이들을 키우면서 개인적인 행복감을 느끼기가 어렵다. 가족의 행복을 빌면서 정작 나 자신의 행복은 뒷전으로 밀려나 버린 건 아닌가 싶어 씁쓸했다.

얼마 전 채널을 돌리다가 프로그램 제목이 재밌어 멈췄다. 우연히 [개뼈다귀]라는 예능 프로그램을 봤다. 지금은 고인이 된 개그맨 김철민의 To Do List를 동료 연예인들이 대신 이뤄주는 내용이었다. 30년 된 친구 박명수에게 담담한 표정으로 이야기하는데 채널을 돌릴 수가 없었다. 박명수에게 "너 자신을 챙겼으면 좋겠어, 너 자신을 사랑해야 해." 자신의 죽음을 예견한 듯이 말하는데 가슴 아팠다. 김철민은 암투병으로 언제 죽을지 모르지만 매일 하루를 기록하고 있었다. 평범하게 지낸 하루가 누군가에게는 미치도록 살고 싶은 소중한 하루였다.

김철민의 이야기를 듣는데 아버지가 떠올랐다.

"네가 있어야 주변이 있는 거야."

아버지가 취하시는 날이면 거실에 앉혀놓고 늘 잔소리처럼 하는 말이었다. 그 당시에는 똑같은 말이 지겨워 듣기 싫었다. 듣는 둥 마는 둥 건성으로 들었다. 하지만 지금 생각해 보니 다른 사람보다 너 자신을 먼저 챙기라는 아버지 당신이 살면서 뼈저리게 체감한 말이다. 내가 있어야 가족이 있다.

장샤오헝 저자 [하버드대 행복학 명강의 느리게 더 느리게] 책에서 행복을 두 가지로 압축 설명했다. 행복은 자신이 사랑하는 사람과 함께하는 것과 자신이 좋아하는 일을 하는 것이라고 한다. 다시 말해 행복은 자기 자신을 비롯한 타인과의 긍정적인 관계를 맺고 가슴 뛰는 일을 하는 것이다. 스스로 옳다고 믿고 의미 있다고 생각하는 삶을 살면서 방향을 잃지 않는 일이다.

나에게 마지막 하루가 주어진다면, 당신은 누구를 만나 어떤 시간을 보낼 것인가. 결국 마지막에 남는 사람은 자신일 것이다. 어쩌면 행복한 삶은 나를 아끼고 사랑하는 삶일지 모른다. 아등바등 숨 가쁘게 살아온 지난 삶을 돌아보자. 해야 하는 일에 쫓겨서 하고 싶은 일을 미루지 않았는지, 다른 사람과 비교해서 스스로 상처 주지 않았는지, 눈치를 보다가 지금 하고 싶은 일을 포기하지 않았는지. 가슴 뛰었던 적이 언제였는지 잠깐 시간 내어 돌이켜보자.

행복감은 소소한 일상에서 느끼는 감정이다. 지금 당장, 행복해지기 위해 할 수 있는 일을 해보자. 우선 나를 먼저 챙기고 자신을 사랑하자. 일에 파묻히지 않고 삶의 균형을 되찾자. 아침이든 저녁이든 매일 하루를 돌아보는 혼자만의 시간을 갖자. 글을 쓰면서 행복해지기 위해 노력할 수 있는 작은 실천들을 적어보았다. 육퇴하고 습관처럼 마시던 맥주 한두 캔을 끊겠다. 무엇보다 부정적인 감정을 살피고 일생의 소소한 감사 거리를 찾겠다. 아무리 바빠도 팔 굽혀 펴기 100개와 스쿼트 100개는 하겠다. 한 주에 한 권 책을 읽고 매일 1시간 글을 쓰겠다. 미루지 말고 종합건강검진부터 받으리라. 가족의 행복을 위해서라도 나부터 챙길 것이다.

아빠의 존재감

과거에는 먹고사는 문제를 걱정하지 않게 돈을 벌어오는 것만으로도 좋은 아버지라고 생각했지만, 시대가 변하면서 사회가 요구하는 아버지의 역할이 달라졌다. 기존 남자와 여자로 구분 짓던 과거 고정적인 성 역할이 변했다.

요즘 아내들 사이에서 아이들과 관계가 좋은 아빠가 최고라고 입을 모은다. 자녀 양육에 적극적으로 참여하는 아빠들이 늘고 있다는 반증이다. 놀이터에 가면 아이들과 함께 노는 아빠들을 심심찮게 볼 수 있다. 과거에 비해 육아를 위해 직장을 그만두거나 쉬는 것에 거부감이 없다. 과거 가부장적이고 권위적인 모습에서 벗어나 자녀와 좋은 관계를 맺고 싶어 한다. 하지만 아이들과 가깝게 지낼 여유가 없다. 기회조차 보장되지 않는다.

현실이 그렇더라도 어떻게 하면 아빠의 존재감을 만들 수 있을까 고민해야 한다. 아빠의 존재감은 존 볼비의 애착 이론으로 설명할 수 있다. 자녀가 부모를 안전 기지로 여겨야 좋은 부모라고 할 수 있다. 안전 기지란 무슨 일이 일어났을 때 엄마, 아빠는 항상 자신을 지켜주고 응원한다고 믿는 신뢰감이라고 말할 수 있다. 안정적인 애착, 쉽게 말해 끈끈한 유대감을 형성한 것이다.

하지만 애착 형성을 엄마의 몫이라고 잘못 오해하는 경우가 많다. 다시 말하지만 애착 관계는 부모가 함께 만드는 것이다. 아이들과 유대감을 쌓아야 아빠 존재감이 생긴다. 아빠 존재감이 있어야 외롭지 않고 가족들이 소외시킨다고 느끼지 않는다. 아이들에게 아빠 존재감을 만들어보자.

아빠의 존재감 하면 문근영과 천정명 주연했던 드라마 [신데렐라] 한 장면이 떠오른다. 구은조(문근영)가 불같이 화를 낼 때 친아빠는 아니지만 구대성(김갑수)은 별말 없이 딸의 감정을 받아준다. 그때마다 구은조(문근영)의 어깨를 토닥토닥거리며 감싸 안는데 거짓말처럼 구은조(문근영)는 자신의 감정을 추스르며 금세 차분해졌다. 아빠의 존재감을 느끼게 해 준 장면이다.

스킨십은 친밀한 관계를 위한 첫걸음이다. 아이들은 부모와 스킨십하며 정서적 안정감과 편안함을 느낀다. 그뿐만 아니라 아이는 부모의 체온을 느끼며 사랑받고 있다고 확신한다고 한다. 스킨십은 사랑을 넘어 지난 상처를 치유해 주는 힘이 있다. 그뿐만 아니라 스킨십은 아이의 뇌를 자극해 뇌, 신체, 정서 발달에 도움 된다고 하니 돈 안 들이고 할 수 있는 최고의 존재감을 되찾는 방법이다.

아빠 존재감은 아이들만을 위한 일이 아니다. 아이를 껴안았을 때 살아있음을 느낄 수 있다. 아들의 쿵쿵 뛰는 심장 소리와 새근새근 숨소리를 들으며 따뜻한 체온을 느끼는 일이 얼마나 소중한지 깨닫게 된다. 퇴근 후 몸과 마음을 재충전하기 충분하다. 매일 하루 30분 스킨십하자. 더 안아주고, 토닥거리고, 쓰다듬어주고, 마사지나 놀이를 핑계로 자연스럽게 스킨십하자.

아이들이 언제든지 달려와 안길만한 아빠가 되는 게 꿈이다. 적어도 아이들에게 아빠와의 스킨십이 어색하지 않도록 해주고 싶다. 아빠로서 존재감이 있을 때 좋은 아빠라고 말할 수 있다. 어릴 때부터 아빠 존재감을 심어주기 위해 노력해야 한다. 나중에 스마트폰보다 못한 존재감으로 살기 싫다면 말이다.

#"인싸" 아빠 되기 프로젝트

이왕이면 "인싸" 아빠가 되자. 자녀 교육은 무관심하고 방관하는 "아싸" 아빠보다 아이 일에 적극적으로 참여하는 "인싸" 아빠가 아이의 미래와 성공에 긍정적인 영향을 미친다. [바짓바람 아빠들이 온다] 책 제목에서 볼 수 있듯이 더는 자녀 교육을 엄마에게만 맡기거나 미루지 않는다. 바짓바람으로 자녀의 성장에 두 발 벗고 나서는 아빠들의 시대가 왔다. 그럼에도 부모를 떠올리면 엄마의 역할이 먼저 생각난다.

일을 하다가 학부모와 상담할 일이 생기면 아버지보다 어머니에게 전화한다. 어머니가 아이에 대해 더 잘 알 거라는 생각을 하기 때문이다. 사실이기도 하다. 어린이집 아이 비상 연락망 전화번호를 쓸 때도 아내 전화번호를 먼저 쓰는 것을 보면 육아에 적극적인 나조차도 결정적인 순간에는 아내에게 미루는 것을 볼 수 있다.

당신도 "인싸" 아빠가 될 수 있다. 학습을 가르치고 과외, 입시까지 직접 발 벗고 나서는 바짓바람이 아니어도 된다. "인싸" 아빠를 위해 세 가지를 실천하면 좋겠다.

첫째, 알림장은 아빠가 쓰거나 확인하자. 보통 어린이집은 키즈 노트를 사용한다. 키즈노트는 어린이집이나 유치원에서 사용하는 알림장 애플리케이션이다. 어린이집이나 유치원에서 공지 사항을 앱으로 안내하거나 알림장 수첩에 아이가 어떻게 하루를 보냈는지 적어주면 댓글을 달고 답신하면 된다. 가입 방법은 간단하다. 먼저 보호자가 해당 앱을 깔고 아이디를 등록한다. 그러면 어린이집 공지 사항이나 가정통신문, 활동 사진을 받아 볼 수 있다. 매일 아이의 사진 보는 재미가 솔솔 하다.

키즈노트에 "인싸 아빠"의 존재감을 드러내라. 담임 선생님이 매일 활동 사진을 올리면 "선생님 오늘도 아이 돌보느라 수고하셨습니다."라고 첫 번째로 댓글을 달았다. 누구누구의 엄마 닉네임 틈에서 소통했다. 혼자 댓글 창에 뜬 "유호 아빠"를 보면서 어깨가 으쓱 자부심이 생기더라. 둘째 때는 또 달랐다. 담임 선생님이 손 글씨로 써줬다. 알림장에 매일 아이가 배변은 언제 했는지, 잠은 몇 분 잤는지, 어떤 활동을 했는지 그날 있었던 특이 사항이 적혀있었다. 매일 집으로 돌아와서 알림장부터 꺼내 읽었다. 키즈노트나 알림장을 보면 저절로 아이에게 관심이 생긴다.

아이가 어떻게 하루를 보냈는지 알게 되어 좋았다. 아이를 이해할 수 있었다. 매일 코멘트하지 않아도 되니 부담 갖지 말고 적어라. 뭐라 딱히 적을 말이 없으면 오늘도 애쓰셨다고 고마움을 표하면 된다.

둘째, 학부모 상담 주간에 아빠가 참여하라. 보통 3~4월에 학부모 상담을 계획한다. 이때 부모의 교육 철학을 알아보고 양육 태도 점검한다. 아이가 무엇을 좋아하고 싫어하는지, 질병은 없는지, 담임 선생님이 꼭 알아야 할 정보를 공유하는 자리다. 담임 선생님과 이야기를 나누다 보면 아이가 어떻게 지내는지 알 수 있다. 평소 몰랐던 부분을 알게 된다. 어쩌면 아이의 새로운 모습을 발견할지 모른다. 생각보다 잘 적응하고 있다는 것을 깨닫게 될 것이다.

마지막으로 부모와 함께하는 행사나 프로그램에 누군가 가야 한다면 아빠가 참여하자. 길거리에 크리스마스 행사 준비로 한창이던 어느 날 둘째와 셋째가 다니는 어린이집에서 산타가 되어 줄 수 있느냐고 조심스럽게 물었다. 아이에게 좋은 추억이 될 것 같아 담임 선생님의 부탁에 흔쾌히 받아들였다. 행사 당일 산타 분장을 하고 아이들에게 부모가 미리 준비한 선물을 주었다. 그날 이후로 어린이집 선생님들이 "지호 아빠, 소이 아빠." 하며 엄지 척한다.

　당신은 자녀에 대해 얼마나 이해하고 있는가. 결국 인싸 아빠는 아이를 얼마나 알고 이해하는가에 달렸다. 당신은 아이가 무엇을 좋아하고 어떤 것을 싫어하는지 아는가? 당장 아이의 장단점을 10가지씩 적어 보자. 아이의 타고난 기질, 성격이 보일 것이다. 바람직한 부모 역할에 대해 잘 모르겠다면 노트를 꺼내 내 아이가 어떤 사람으로 성장하길 바라는지 적어 보자. 몇 가지 적다 보면 아이를 어떻게 키워야 할지 그려진다. 누구나 "인싸" 아빠가 될 수 있다. "인싸" 아빠 프로젝트에 참여하자.

아이들은 무서운 아빠를 싫어해요

"유호는 언제 가장 슬퍼?"

어느 날 아들에게 요즘 어떤 기분이 드는지 물었다. 아들은 "음……" 혼잣말을 하며 잠시 생각하더니 "아빠가 혼낼 때."라고 말을 얼버무렸다. 순간 아들의 대답에 당황했다. 아들의 목소리가 기어 들어가는 것을 보니 혼날 줄 알았나 보다. 아들의 뜻밖의 말에 가슴이 덜컹 내려앉았다. 말끝을 흐리는 아들 눈빛에서 슬픔이 느껴졌기 때문이다. 그러고 보니 요즘 많이 혼내긴 혼냈다.

돌이켜보니 첫째가 다섯 살이 되고 나서부터 짜증이 늘었다. 자기 뜻대로 안 되면 우는 소리부터 낸다. 자기 요구가 받아들일 때까지 고집부리기도 한다. 언제부터인지 몰라도 보채는 소리와 일부러 하는 듯한 행동이 눈에 거슬리기 시작했다. 아이가 짜증 낼수록 잘못된 행동을 하나하나 간섭하기 시작했다.

"한 가지 일을 끝내고 다른 일을 해야지, 물을 아껴 써야지, 천천히 꼭꼭 씹어 먹어야지, 밥 먹을 때는 바른 자세로 앉아서 먹어야지, 밖에 나갔다 오면 손부터 씻어야지, 장난감 정리해야지, 하고 싶은 말이 있을 때는 또박또박 말해야지." 아이 꽁무니를 따라다니며 잔소리했다.

지금 생각해 보면 잘못을 지적하고 행동을 바로잡으려고만 했다. 어쩌면 아이의 행동을 즉각 반응하는 말에 반항심만 키웠는지 모른다. 부모가 재촉하고 강요할수록 아이는 보란 듯 꾸물거린다. 시간을 주고 기다리면 아이 스스로 문제 해결할 것인데 그새를 못 참고 끼어들기 바빴다.

아이가 생각대로 움직이지 않으면 화가 났다. 예측할 수 없으니 불안한 것이다. 나중에 안 사실이지만 부모가 화를 내는 이유는 아이가 통제되지 않아서라고 한다. 애초에 통제할 수 없는 아이를 통제하려고 드니 감정 조절에 실패하는 것이다. 게다가 징징거리고 우는 소리가 듣기 힘들다. 아이의 투덜거림에 덩달아 예민해지고 신경질 난다. 결국 참지 못하고 아이에게 그만 좀 울라며 윽박지르고 말았다.

아이에게 짜증을 내고 눈을 부릅뜰 때마다 조금만 참을 걸 후회하고 자책한다. "감정 조절을 못하는 아이는 없다. 단지 감정 조절에 실패하는 부모가 있을 뿐."이라는 말을 실감하고 있다.

아들이 무서운 아빠라고 생각할까 봐 두렵다. 내 아버지와의 관계처럼 어색하고 불편해지면 어쩌지 걱정했다. 사실 아버지를 생각하면 부정적인 감정이 먼저 떠오른다. 미해결 된 감정은 아버지와의 관계를 방해했다. 마음의 문을 닫고 관계를 회피했다.

한 번 틀어진 감정은 말과 행동에 영향을 미쳤다. 부모 자식 관계는, 특히 아버지와 아들 사이는 한 번 어긋나고 틀어지면 되돌리기 쉽지 않더라. 화를 내 공들여 놓은 애착 관계가 한순간에 무너질 수 있겠구나 싶다. 한 번 무너진 관계는 다시 회복하기 어렵다.

아이의 우는 소리가 육아 스트레스 요인 중에서 1, 2위를 다투지 않을까. 아이의 징징거리는 소리가 부모가 들을 수 있는 가장 듣기 싫은 소음일 것이다. 아이 우는 소리는 스트레스 지수를 극으로 치닫게 만드는 방아쇠 역할을 한다는 것을 아는 것이 중요하다. 아이가 부정적인 감정을 쏟아낼 때 자리를 피하는 게 좋다. 불같이 화를 내고 후회하는 일이 반복되면 스스로 부족한 아빠라고 자책하게 된다. 화를 내고 후회하고 다시 화를 내는 악순환의 고리를 끊어야 한다. 행복 육아를 위해 노력해야 한다.

무서운 아빠가 되지 않으려면 감정 조절해야 한다. 아들의 꼴을 지켜볼 수 있는 여유를 되찾아야 불쑥 오르는 화를 다스릴 수 있다. 자기표현에 서툰 아이들이 자기 뜻대로 안 되면 징징거리고 우는 소리하는 것이 당연한 일이다. 왜 전지적 시점에서 바라보지 못할까. 완력을 쓰지 않고, 권위로 누르지 않고, 강요하지 않아야 한다. 아이에게 스스로 할 수 있도록 시간을 주고 기다려라. 간섭하는 순간 아이는 부모의 말을 귓등으로 들을 것이다.

누구의 문제인가?

 첫째가 다섯 살이 되었을 때부터 뭐든 어깃장을 놓고 말을 안 듣기 시작했다. 첫째는 심리학자인 에릭슨의 심리사회적 발달 8단계에서 말하는 유아기를 보내고 있었다. 유아기는 신뢰감, 자율성, 주도성을 형성하는 데 결정적인 시기라고 한다. 아들은 엄마와 아빠가 대신해 주길 바라는 의존심과 스스로 하려는 독립심 사이에서 이러지도 저러지도 못하고 있었다. 해달라고 징징거리다가도 도와주려고 하면 자기가 하겠다고 고집을 피운다. 아들은 시키는 대로 하는 것을 거부했다.

 학교에서 일하다 보면 수업을 방해하는 학생, 자신의 감정을 통제하지 못하고 분노 폭발하는 학생, 친구들에게 악의적으로 시비를 걸거나 다투는 학생, 이간질하는 학생, 친구를 따돌리거나 폭력적인 학생, 가출하거나 일탈, 반항하는 등 공동체에 피해를 주거나 적응하지 못하는 학생들을 문제 행동이 있다고 말한다. 하지만 문제아를 규정하는 어떤 객관적인 기준이 있는 게 아니다. 단지 학교라는 공동체 안에서 보통 학생들의 행동 범주에 벗어나거나 타인에게 피해를 주는 아이들을 문제아라고 부르는 것이다.

문제아로 불리는 아이들을 만나보면 생각보다 괜찮아 놀란다. 이는 어른들의 섣부른 판단으로 낙인찍은 경우다. 눈에 보이고 드러나는 행동에 초점을 맞춰 잘못된 개입을 하거나 아이들을 감정적으로 혼내고 벌을 줘서 문제 행동을 부추긴 꼴이다. 아이들이 어른들의 잘못된 개입으로 상처받고 있다. 없는 문제를 키우는 바람에 아이들이 낙인찍히고 있다. 문제아는 문제를 문제로만 보는 어른들의 왜곡된 시선으로 만들어진다는 것을 간과해서는 안 된다. 아이의 행동 속에 감춰둔 진짜 마음을 들여다봐야 한다.

기시미 이치로 저자 [엄마가 믿는 만큼 크는 아이] 책에서 다른 사람들에게 피해를 주는 문제를 제외한 적절하지 않은 행동을 중성 행동이라고 정의했다. "중성 행동에 대해서는 본인의 의지를 존중해야 하므로 아이가 부탁하지도 않았는데 개입할 권리는 없으며 야단칠 필요도 없다."라고 했다. 예를 들어 놀고 난 장난감을 치우지 않았을 경우 본인은 곤란하지만 부모나 공동체에게 피해를 주는 행동이 아니므로 중성 행동으로 규정하자는 것이다. 한마디로 자신이 선택한 일에 책임지도록 하면 그만이다.

돌이켜보니 아이를 훈육하거나 혼을 낼 때 아이의 행동에 문제가 있기보다 아이의 행동을 섣부르게 판단하고 간섭하고 조정하려는 태도가 문제를 키웠다. 아이가 어깃장을 놓을때는 항상 제대로 알지 못하고 한마디 거들었을 때였다. 아이가 선택하고 책임져야 할 과제를 제멋대로 끼어들면 서로 마음만 상하게 된다. 감정만 소모하고 결국 상처만 입는다. 어릴 적 부모님이 앞서서 공부하라고 하면 더 하기 싫었던 마음일 것이다.

아들러 양육법의 궁극적인 목적은 아이의 자립이다. 아이가 스스로 살아갈 수 있는 독립심을 선물하는 것이다. 어떻게 하면 아이들 스스로 하도록 도울 수 있을까 생각하다 두 아들을 대신해서 해줬던 일들을 적어보았다.

"양치질했는지 물어보기, 양치질 마무리하기, 세수했는지 물어보기, 세수 마무리하기, 응가 뒤처리(화장지로 닦아주기), 학교 가방 챙겨주기, 유치원에 입고 갈 옷 챙기기, 가지고 논 장난감 정리하기, 읽고 난 책 정리하기, 목욕시키기, 갈아입은 옷 정리하기" 등등. 생각보다 아이를 대신해 주는 일이 많아 놀랐다. 서툴러도 조금만 기다리면 아이들 나름의 방식대로 해낸다. 작성한 목록을 보면서 불필요한 간섭으로 아이 스스로 충분히 할 수 있는 일들을 오히려 하지 못하게 스스로 할 기회를 빼앗지 않았나 반성하게 됐다.

어느 날 옷과 어울리는 신발을 신기를 바라는 마음을 내려놨다. 아이가 직접 신발장에서 꺼낸 검은색 아디다스 운동화를 신었다. 자기가 원하는 운동화를 신었을 때 흐뭇해하는 아들의 신이 난 표정을 지금도 잊을 수 없다. 아이에게 혼자 해보는 경험이 얼마나 중요하다는 것을 새삼 느꼈다.

실수하더라도 스스로 선택하는 경험이 중요하다. 서툴지만 스스로 해내는 경험이야말로 아이를 성장시킨다. 아이의 선택, 취향을 존중하자. 비록 좋지 않은 결과가 뻔히 눈에 보여도 그에 따른 책임은 아이 몫이라는 것을 기억해야 한다. 아이는 태어났을 때부터 독립된 인격체다. 아이는 부모의 말을 반대로만 하는 청개구리가 아니다. 아이는 자기 결정권을 넓히려는 모험을 원할 뿐이다. 스스로 하려는 아이가 문제가 아니라 통제하려는 부모가 문제다. 조급한 마음을 내려놓자.

아들! 네 꿈은 뭐야?

첫째가 유치원을 졸업하던 날 같은 반 아이들이 차례로 자신의 꿈을 소개했다. 아이들이 한 명씩 앉을 동안 스크린에서 아이들의 인터뷰 영상이 나왔다. 되고 싶은 꿈, 친구들과 가족에게 하고 싶은 말을 전하는 영상이었다. 앞서 나온 아이들의 인터뷰를 보며 아들은 무슨 말을 했을지 궁금했다.

아이마다 되고 싶은 꿈이 달랐다. 누구는 과학자, 누구는 축구선수, 누구는 수의사. 인터뷰 영상을 보다가 문득 네 살 때 나비가 되고 싶다던 아들의 꿈이 떠올랐다. 생각해 보니 네 살 이후로 꿈이 뭐냐고 묻지 않았다. 어떤 꿈을 꾸었을까 궁금해하고 있을 때 아들 이름이 불렸다. 쑥스러운지 몸을 배배 꼬며 무대 가운데서 인사를 했다. 아들은 배시시 웃으며 황급히 자기 자리에 앉았다.

아들은 수영 선수도 아닌 수영 전문가가 되고 싶다고 했다. 아들의 인터뷰 영상과 함께 물안경과 구명조끼 없이 자유자재로 수영할 수 있는 사람이 되고 싶다는 담임 선생님의 부연 설명이 이어졌다. 그동안 아들이 왜 수영을 배우고 싶어 했는지 이해되었다. 그날 아들이 해보고 싶은 것, 배우고 싶은 것, 되고 싶은 것이 무엇인지 관심을 가져야겠다고 생각했다.

꿈꾸는 아이가 되려면 부모가 꿈을 꿔야 한다. 꿈이 있는 아빠 밑에 꿈꾸는 아이로 자란다는 말이 있다. 아들의 졸업식 행사를 보며 나의 꿈은 뭐였는지 생각하게 되었다. 아들에게 꿈이 무엇이냐고 묻기 전에 먼저 나의 꿈을 그려봐야겠다. "5년 뒤, 10년 뒤 나의 모습은 어떨까. 어떤 꿈을 꾸고 있을까." 아이들에게 부자 아빠는 못 돼도 꿈꾸는 아빠가 되고 싶다.

#작가를 꿈꾸다

2018년 퍼스널 브랜딩과 머니 파이프라인에 관심을 가지던 어느 날 책을 써보면 어떨까 생각했다. 책 쓰기 관련 도서를 읽으면서 글쓰기를 업으로 삼는 사람들만 책을 내는 시대가 아니라는 것을 알았다. 서점에 가면 소방관, 교사, 청소부, 버스 기사, 판사, 심리 상담사, 마케터 같은 직장인 저자가 출간한 에세이를 찾을 수 있다. 자신만의 경험과 노하우를 담았을 뿐 아니라 하고 있는 일을 이야기하면서 공감과 위로를 준다.

왜 책을 내려고 하는가, 스스로 질문하다가 왜 글을 쓰는지 생각해 봤다. 교육복지사의 일을 잘하고 싶은 마음에서다. 점점 학생과 가정 문제가 복잡해지고 다양해져 한계를 경험했다. 더 잘하고 싶다는 생각으로 목말랐다. 지난 경험, 사례에 의존해서는 성장할 수 없었다. 업무에 대한 정리는 물론, 오랫동안 교육복지사의 일을 하려면 한 단계 올라서야 해야 했다. 지금 돌이켜보면 좋아하는 일을 오래 하기 위해 전문성을 갖추려고 애쓴 것이었다.

어느 날 사회복지 현장 이야기를 담은 에세이를 찾아보려고 교보문고에 갔다. 하지만 사회복지사가 쓴 책을 찾을 수 없었다. 복지 코너에는 대학교에서 공부하는 이론 서적이 대부분이다. 사실 10년이 지난 지금도 달라진 게 없다. 그때부터 사회복지 현장 이야기가 담긴 책 쓰기의 꿈이 조금씩 자랐다.

글을 쓰는 사회복지사가 돼 보기로 생각했다. 작가라는 꿈이 자라면서 글쓰기 관련 책을 탐독했다. 여러 작가들이 자신의 글을 공개하라고 했다. 형식에 얽매이지 않고 자유롭게 쓸 수 있는 공간이면 된다고 했다. 블로그 만들어야지 생각만 하던 어느 날, 다음(Daum) 브런치를 발견했다. 브런치 작가 타이틀이 욕심났다. 하지만 브런치 작가가 되기 위해서는 작가 심사를 거쳐야 한다는 것을 알았다. 2018년 1월 첫 작가 신청하고 6번 만에 브런치 작가가 되었다. 8개월 만에 이룬 성과였다. 말 그대로 브런치는 기회였다.

지금 생각해 보면 브런치 작가는 글쓰기에 마중물이 되었다. 브런치에 올린 글을 보고 제안을 해왔다. 사회복지학과 대학생들의 인터뷰 요청, 교육복지 프로그램에 대한 기고 제안은 [교육복지사의 일]에 대한 책 쓰기 꿈을 키웠다. 실제로 취준생에게 멘토가 되는 [OZIC] 플랫폼에 [교육복지사의 일]을 소개했고, [SEOUL MADE] 26호 공존 이색 반려동물과의 일상 편에서 아이들과 함께 교육복지실에서 키웠던 크레스티드 게코 도마뱀 이야기를 기고했다. 브런치에 글을 쓰는 이상 새로운 기회는 계속 주어질 것이다.

 오병곤 홍승완 저자 [내 인생의 첫 책 쓰기]에서 단 한 사람을 공략하라고 한다. 단 한 명이라도 내가 쓴 책을 읽고 도움이 된다면 가치 있는 일이라고 했다. 젊은 교육복지사들에게 교육복지사의 일에 대해 나누고 싶다. 동료 교육복지사와 현장 경험을 나누고 아이들 사례를 지원할 실마리를 주는 역할을 하고 싶다. 김소영 저자의 [어린이라는 세계]와 서현숙 저자의 [소년을 읽다]처럼 학생들의 현장 이야기를 엮고 싶다. 지금은 육아에 관한 글을 퇴고하고 있지만 다음 원고는 [교육복지사의 일]에 관한 글이었으면 좋겠다. 지금 생각해도 브런치 하길 잘했다고 생각한다. 하마터면 글 쓰는 재미를 모르고 살뻔했다.

5장

부모는 아이와 함께 성장한다

-발달심리학 중심으로-

틈새 애착 관계에 비집고 들어가라

 살면서 가장 잘한 일은 사회복지학을 공부하고 교육복지사의 일을 하게 된 것이다. 사회복지학과에 진학하면 1학년 전공과목으로 [인간 발달의 이해]를 배운다. 인간 발달은 전 생애 과정에서 일어나는 변화로 아이의 발달을 다양한 발달심리학 관점으로 이해할 수 있다. 특히 인간 발달을 공부하면 자기 자신을 더 잘 이해하게 되며 부모 자녀와의 반복되는 상호작용 패턴을 알 수 있다.

 발달심리학에 따르면 인간의 생애는 여러 단계로 나뉜다. 발달은 연속적으로 일어나며 일정한 순서를 따르기 때문에 발달 단계를 이해하면 생애 주기에 따라 어떤 변화가 일어나는지 예측할 수 있다. 따라서 아이의 발달 수준과 행동 양상을 평가하는 중요한 척도라고 볼 수 있다. 부모는 아이의 발달 단계에 따른 니즈(need)를 민감하게 알아차려야 아이의 건강한 발달과 성장을 도울 수 있다.

에릭 에릭슨의 발달 이론은 육아에 지침이 된다. 에릭 에릭슨은 인간 발달 과정을 8단계로 나눴다. 각 발달 단계마다 획득해야 할 도전 과제와 이를 달성하지 못했을 때 일어나는 심리사회적 위기를 설명했다. 부모는 아이가 어떤 과제를 경험하는지 이해하고 도와야 한다. 특히, 제1단계는 성장의 첫 단추다. 이후 모든 발달 단계에 영향을 미치기 때문에 매우 중요하다.

제1단계: 기본적 신뢰 vs 불신(출생~생후 1년)

이 시기에 영아는 자기를 돌봐주는 주 양육자와 신뢰 관계를 맺어야 한다. 주 양육자는 아이의 기본 욕구를 채워주고 일관되게 사랑해야 한다. 만약 주 양육자가 아이를 거부하거나 방임, 학대하면 아이는 세상을 믿을 수 없는 위험한 곳이라고 생각하게 된다. 세상을 불신하면서 다른 사람과 건강한 관계를 맺기 어렵다. 정서적 방임이나 신체 학대를 경험한 아이가 사회관계를 맺는데 어려움을 호소하는 것은 이유가 있다. 안정적인 애착 관계는 사회적 동물인 인간에게 주어진 첫 과제다.

안정적인 애착은 주 양육자와의 정서적 교감을 통해 만들어진다. 아이와 상호작용하려면 아이가 보내는 신호를 알아차려야 한다. 아이가 울면 배고파서 우는지, 기저귀가 불편해서 우는지,

아파서 우는지 아이가 원하는 적절한 반응을 보여야 한다. 엄마 아빠가 자신을 언제나 돌보고 사랑한다고 느낄 때 비로소 안정적인 애착이 만들어진다. 주 양육자와 기본적인 신뢰 관계가 만들어지면 영아는 주 양육자를 안전기지로 여기게 된다. 아이가 스트레스를 받거나 불안을 느끼면 엄마 아빠부터 찾는 것이다. 부모의 품 안에서 안정감을 느끼려는 시도라고 볼 수 있다.

아이는 긍정적인 부모와의 관계 안에서 성장한다. 안정적인 애착 속에 자란 아이들이 자존감이 높고 타인과의 관계가 좋으며 모험심이 강하다. 자기 자신에 대한 긍정적인 자아상을 갖고 있다. 자신을 괜찮은 사람으로 여기기 때문에 타인과 별다른 어려움 없이 지낸다. 다시 말해 부모와의 신뢰 관계는 타인과 관계 맺는데 기초가 되며, 아이가 건강하게 자라 사회의 일원으로 살기 위해 필요한 시금석이다.

사람들은 종종 애착 관계를 엄마의 역할로 잘못 이해한다. 솔직히 출생 후 1년까지 아내와 아이가 워낙 끈끈하게 연결되어 있다 보니 둘 사이를 끼어들 수 없는 것도 사실이다. 하지만 엄마의 존재가 애착 형성에 결정적인 영향을 준다고 해서 아빠의 역할이 없는 것은 아니다.

엄마 혼자서 아이를 키울 수 없다. 엄마와 결이 다를 뿐 아빠의 역할은 따로 있다. 아내는 가뜩이나 임신과 출산으로 우울하다. 몸 회복도 되지 않았다. 남편은 아이와 아내가 안정적인 애착 관계를 맺을 수 있도록 도와야 한다. 아이를 따뜻하게 돌보며, 일관된 사랑과 지지를 할 수 있도록 배려해야 한다. 아이가 생애 첫 과제를 무사히 달성할 수 있도록 말이다. 아내의 심리 안정은 곧 아이의 건강한 발달의 밑거름이라는 것을 잊지 말자.

아이와의 애착 관계 만들기를 아내에게 미루다 보면 육아가 뒷전으로 밀려나 버린다. 애착 관계는 김영훈 의학박사가 저술한 [EBS와 공동기획 엄마가 모르는 아빠 효과]를 읽으면 도움 된다. 발달 단계별로 아빠의 역할을 자세히 소개하고 있다. 김영훈 저자는 아이의 요구에 얼마나 민감한지를 결정하는 중요한 요인은 남녀차이가 아닌 아이를 얼마나 돌봐주는지에 달렸다고 한다. 이 책은 분유 먹이기, 기저귀 갈기, 목욕시키기, 아이와 노는 방법, 리더십과 습관 기르기 같은 노하우를 시기별로 자세히 알려준다. 저자 말대로 어떻게 하면 아내와 아이 사이를 비집고 들어갈 수 있을까 고민해야 한다.

아빠만의 고유한 유대감을 찾아라

"남자의 성공은 여자 하기 나름이다."

어린 시절 내 아버지는 얼근하게 취하면 신세한탄을 늘어놓았다. 꾹꾹 참다 어머니가 한마디 쏘아붙이면 아버지는 되레 화를 냈다. 돈 걱정 없이 살게 해줬으면 된 거 아니냐며 언성 높이며 따졌다. 그때부터 아버지의 지겨운 레퍼토리가 시작된다. 남자는 외무부 장관이고 여자는 내무부 장관이라며, 내무부 장관이 집안일을 잘해야 바깥일 하는 남자가 성공한다나 뭐라나. 요즘은 세월 앞에 손수 장보고 음식을 만들지만 말이다.

세상이 달라졌다. 돈만 잘 벌어오면 집안일이나 육아에 손을 놔도 누가 뭐라고 하지 않았던 아버지 시대는 갔다. 지금은 아이와의 관계가 좋은 아빠가 최고다. 이를 위해서는 아이와 친밀하게 지내며 유대감을 쌓아야 한다.

유대감은 우리 인생에 어떤 영향을 미칠까. 유대감은 서로 밀접하게 연결된 정서적 교감이다. 한마디로 부모와 자식 간의 끈끈한 신뢰 관계를 말한다. 부모의 따뜻한 보살핌을 받은 아이는 두뇌 발달은 물론 성격, 정서 그리고 행동 발달에도 긍정적인 영향을 미친다고 한다. 부모와 자녀의 유대감은 아이 성장에 도움을 주기 때문에 부모는 아이와의 양질의 시간을 들여 관계를 쌓아야 한다.

좋은 아빠는 아이들과 친밀한 관계를 통해 유대감을 쌓는다. 하지만 가끔은 자신의 아버지에게 자녀와 좋은 관계를 만드는 방법을 배우지 못한 경우가 있다. 내 아버지도 가정보다 일에 우선 두었다. 육아하면서 아이와 충분히 교감해야 한다는 것을 깨달았다. 유대감은 하루 이틀 노력으로 만들어지지 않기 때문이다. 매일 아이와 함께 소소한 일상을 보내야 한다. 아이와 살을 비비며, 분유를 먹이고, 기저귀를 갈아주고, 함께 목욕해야 비로소 관계가 시작된다.

유대감은 아이와 보내는 일상에서 피어나는 감정이다. 목도 가누지 못하는 아이가 아장아장 걸음마를 떼고, 옹알이하던 아이가 엄마 아빠를 처음 부르는 기적들을 목격해야 비로소 유대감이 싹튼다. 아이의 발달 과정을 함께 해야 가능한 일이다.

[0~3세, 아빠 육아가 아이 미래를 결정한다] 저자 리처드 플레처는 몸 놀이는 아빠만이 할 수 있는 고유한 유대감 쌓기 방법

이라고 한다. 첫째와 둘째가 아들이라서 그런지 몰라도 거친 몸놀이를 좋아한다. 몸을 뒹굴며 놀 때 아이들의 반응이 뜨겁다. 두 아들이 까르르 숨넘어가는데 그 모습이 어찌나 웃기는지 덩달아 신난다. 아이를 등에 태우고 호랑이 흉내를 내거나 팔 굽혀 펴기를 한다. 서로 목말을 태워달라고 아우성이다. 막내딸도 누워있으면 비행기를 태워주는 줄 알고 다리 쪽으로 쓱 와서 은근슬쩍 다리에 매달린다. 저자의 말대로 거친 몸 놀이는 아빠만이 줄 수 있는 고유한 유대감 쌓기 방법이었다.

아이와 유대감 쌓기는 비단 아이만을 위한 일이 아니다. 잠든 아이의 배냇짓은 심장을 녹인다. 부들부들한 아이의 살갗과 눅눅한 분유 향이 나는 발냄새를 맡으면 마음이 편안해진다. 그뿐만 아니라 몸과 마음이 덜 회복된 아내를 배려할 수 있다. 당신은 아내 없이 세 시간 이상 아이를 돌볼 수 있는가? 직접 아이를 돌봐보면 집안일이든 육아든 아내 혼자 하게 내버려 둬서는 안 되겠다는 것을 깨닫게 될지 모른다. 아이들 끼니 챙기다가 정작 자기 밥은 못 먹는 아내의 심정을 이해할 수 있다.

아빠들이여! 아빠만의 고유한 유대감을 만들자. 가족에게 아빠의 존재감을 심어줄 기회다.

아이와의 유대감은 어릴 때부터 쌓아야 한다. 지금부터라도 좋은 관계를 유지하도록 노력해야 한다. 아이가 크는 순간 늦는다. 아이들은 금방 자라고, 부모의 손길이 필요한 시간은 생각보다 빠르게 지나간다.

"더 크면 여행 가야죠.", "어릴 때 잘해준다고 기억이나 하겠느냐."라는 식으로 미룬다면 아이와의 유대감을 쌓을 적기를 놓치고 마는 것이다. 다시 말하지만 아이는 부모를 기다려주지 않는다. 아이와 충분한 시간을 보내지 않고 친해지려는 것은 욕심이다. 앞서 말한 것과 같이 아이와 유대감을 쌓기 위해 아이와 엄마 사이의 애착 관계를 비집고 들어가자. 더는 육아에 방관자나 보조자가 아닌 주체자가 되자. 아빠만의 고유한 유대감을 찾아야 한다.

아이의 수면 시간이 부모의 삶의 질을 결정한다

신생아는 하루 동안 밤낮 구분 없이 잠을 잔다. 보통 16시간~18시간 잠을 자는데 생후 6개월이 지나면 대체로 낮에는 깨어있고 밤에는 잠을 잔다. 커가면서 서서히 낮과 밤을 구분하기 시작하는 것이다. 그때부터 통잠(밤에 깨지 않고 자는 잠)을 자기 시작하는데 부모들은 100일의 기적을 꿈꾸기도 한다.

첫째는 100일의 기적 따윈 없었다. 21개월까지 11시 이후에 잠들고 새벽에 수시로 깼다. 등에 센서가 붙어있는지 눕히기만 하면 잠에서 깼다. 분명 품 안에서는 새근새근 잘만 자는데 말이다. 잘듯 말 듯 아이의 초롱초롱한 눈이 얼마나 원망스러운지 아는가. 눕히기만 하면 잠드는 아이를 키우는 부모는 눈 돌아가는 심정을 모를 것이다. 매일 달밤에 아기 띠를 하고 산책하는가 하면 카시트에서라도 재우기 위해 야밤에 차를 몰았다.

아이를 키우다 보면 "아이는 잠자고 있을 때 가장 이쁘다." 라는 말을 절로 하게 된다. 30분이라도 더 일찍 자고 더 늦게 일어 나면 바랄 것도 없다.

아이 셋을 키워보니 아이 키우는 부모의 행복은 아이의 규칙적인 수면 습관에 결정 난다는 것을 알았다. 부모는 아이를 재우기 전에 계획을 세운다. 아이가 잠들었다고 육아가 끝난 것이 아니다. 집안일과 함께 본격적으로 시작된다. 싱크대에 쌓인 젖병을 소독해야 하고, 가제 손수건은 미리 빨아야 한다. 문제는 집안일을 하다 보면 아이가 잠에서 깬다. 미처 끝내지 못한 집안일이 쌓이기 시작하면서 마음이 조급해지고 스트레스를 받기 시작한다. 육아에 치이다 아이를 재울 때 같이 잠드는 반복된 일상을 살게 된다.

당신은 아이를 키우면서 행복한가? 만약 불행하다고 느낀다면 아이가 밤늦게 자거나 잠자는 시간이 정해져 있지 않기 때문이다. 아이를 키우면 부모의 개인 시간은 꿈도 못 꾼다. 혼자만의 시간은 고사하고 자투리 시간조차 내 마음대로 쓰지 못하니 불행하다고 느끼게 되는 것이다. 잠자는 시간을 예측할 수 있어야 행복감을 느낄 수 있다. 부모가 행복 하려면 아이가 잘 자야 한다.

세 아이를 키우면서 잘한 일 중 하나는 아이들에게 규칙적인 수면 습관을 길러줬다는 것이다. 첫째가 6살까지 저녁 7시 30분이 되면 온 식구가 잠자리에 누웠다. 형제가 많고 아이가 커가면서 자연스럽게 잠드는 시간이 한 시간 늦춰졌지만 말이다. 저녁 9시, 늦어도 저녁 9시 30분이 되면 세 아이 모두 잠든다. 아이가 일찍 잠들어서 밀린 집안일을 할 수 있다. 운동, 반신욕, 책을 읽거나 늘어지게 드라마를 봐도 된다. 아이들에게 방해받지 않고 온전히 시간을 보낼 수 있어 좋다. 단 1시간이라도 나를 위해 시간을 쓸 수 있으면 행복하지 않은가. 아이들의 규칙적인 수면 습관을 사수하라.

세 아이를 키우는 8년 동안 아이들의 규칙적인 수면 시간을 지키기 위해 써온 방법이니 참고하길 바란다.

잠자리에 드는 시간을 지켜라.

세 아이를 키우면서 타협하지 않는 것이 하나 있다. 어떤 일이 있어도 저녁 8시가 되면 잘 준비한다. 이부자리를 펴고 양치질을 시킨다. 샤워나 목욕할 때면 30분 일찍 서두른다. 가족 여행 중에도 잘 시간이 되면 모든 일정을 멈추고 숙소로 들어갔다. 아이들의 수면 패턴을 지키기 위해 저녁 식사는 가급적 집에서 해결했다. 외식하면 잠자리에 들 시간이 가까워지기 때문에 아이들은 집으로 가는 차 안에서 잠들어 버렸다. 그런 날이면 다 갔다고 보면 된다. 늦어도 저녁 9시에는 잠자리에 든다.

아이의 잠드는 의식을 존중하라.

수면 의식은 중요하다. 하지만 수면 의식을 만드는 만큼 중요한 게 있다. 습관 들인 수면 의식을 존중하는 것이다. 셋째의 수면 의식은 그림책 한 권을 읽고 화장실에서 소변을 본 뒤에 물 한 모금 마시는 것이다. 순서대로 끝내야 비로소 잘 준비를 마친다. 졸린 눈을 비비며 고양이, 티니핑 인형을 자기 옆에 두고 별 모양이 그려진 베개를 벤다. 한 가지라도 빼먹으면 안 된다. 어느 날 변기에 앉히는 것이 귀찮아 물을 마시게 한 뒤 조용히 불을 끈 적이 있었다. 하지만 막내는 아빠 쉬쉬하며 잠자리에서 일어나 결국 소변을 누고 잤다. 귀찮고 힘들더라도 아이가 수면 의식을 지키도록 돕자.

집안의 모든 불은 끄고 잠자리에 함께 누워라.

아내가 아이를 재우러 방에 들어갔다고 해서 육아가 끝난 것은 아니다. 아빠의 도움이 필요하다. 자는 척이라도 좋으니 함께 잠자리에 누워야 한다. 집안의 모든 불은 꺼야 한다. TV는 말할 것도 없다. 아이가 잠든 방문 틈 사이로 비치는 불빛을 차단하자.

TV 불빛은 화면이 바뀔 때마다 번쩍이기 때문에 아이의 잠을 방해할 수 있다. 잠들다가도 핸드폰 불빛에 눈을 번쩍 뜨더라.

재우기 전에 충분히 놀았는지 생각하라.

잘 시간이 됐는데도 아이가 쌩쌩하면 조바심이 날 수 있다. 이때 아이를 혼내기보다는 재울 수 있는 효과적인 방법을 찾아보는 것이 좋다. 억지로 재우려 하면 서로 마음만 상할 수 있기 때문이다. 먼저 재우기 2시간 전에 아이가 충분히 놀았는지 확인하자. 만약 충분히 놀지 못했다면 목욕을 시키면 된다. 거품 목욕이나 촉감 놀이는 좋은 방법이다. 아이가 좋아하는 동물 피규어를 욕조에 넣어주면 신나게 물놀이를 할 것이다. 아이가 스스로 충분히 놀았다고 생각할 때까지 기다리면 알아서 나온다. 이때 "언제까지 씻을 거야?"라는 조급함을 내려놓자. 중요한 것은 아이와의 긍정적인 상호작용과 놀이 시간이 충분히 확보되는 것이다.

자율성 vs 의존성

둘째가 세 살이 되던 해 어느 날 스스로 기저귀를 찼다. 저 혼자 해보겠다고 얼마나 낑낑대던지 사투 끝에 기저귀를 추켜올렸다. 둘째는 멋지게 성공하고 난 후부터 기저귀를 스스로 차려고 했다. 기저귀를 갈아주려고 하면 자기가 차겠다고 손에 들린 기저귀를 잽싸게 낚아채 갔다. 어떻게든 차 보려고 안간힘을 썼다. 엉거주춤한 자세로 힘겹게 다리를 욱여넣었다. 한쪽 구멍에 두 다리를 넣는 바람에 결국 넘어지고 만다. 자기 분에 못 이겨 울음보가 터진다.

발달심리학자인 에릭 에릭슨의 심리 사회학적 성격이론에 의하면 초기 아동기인 1세에서 3세까지 자율성 획득을 중요한 과제로 본다. 자율성은 스스로 해보려는 시도, 경험을 말한다. [EBS와 공동기획 엄마가 모르는 아빠효과] 저자 김영훈은 13~24개월, 걸음마 단계에서 아이가 혼자서도 배울 수 있는 자립성과 자발성을 키우는 것이 중요하다고 강조했다.

자율성은 자존감에 영향을 미친다. 자존감은 자기 자신을 존중하고 사랑하는 마음이다. 스스로 결정하고 책임지는 경험에서, 부모의 인정과 칭찬에서 자존감이 자란다. 스스로 해본 경험이 많을수록 자존감이 높은 것이다. 자존감은 아이의 평생 생존력을 좌우한다는 말처럼 자존감은 나다운 행복한 인간으로 살기 위해 절대적으로 필요한 능력이다. 자존감 높은 아이로 키우고 싶다면 아이의 자율성을 길러줘야 한다.

자존감이 높은 아이는 긍정적인 자아상을 갖는다. 자신감이 넘치고 친구 관계도 원만하다. 문제 해결 능력이 뛰어나 리더의 역할을 자처한다. 자기가 한 일에 대해 책임진다. 반면에 자존감이 낮은 아이는 부정적인 자아상을 갖는다. 남의 시선과 평가에 신경을 쓰며 타인에게 휘둘리기 쉽다. 책임에 회피하며 실패할까 봐 두려워한다. 대인 관계도 원만하지 못해 열등감에 사로잡혀 있다.

자율성을 높이는 육아는 아이의 모든 요구에 따라야 한다거나 아이 일에 무관심하고 방임하는 태도가 아니다. 아이에게서 한 발짝 물러서 있지만 곁을 지키는 일이다. 더 나은 방향으로 이끌어주기 위해 여러 가지 선택지를 주는 것이다. 아이가 자기 스스로 결정하고 그에 따른 결과를 책임지는 어른으로 자라길 원한다면 자율성을 기를 수 있도록 돕자.

[잘되는 집은 아빠가 다르다] 구근희 저자는 자녀에게 자기 주도적인 생활 습관을 기를 수 있도록 가르쳤다고 한다. 초등학교에 들어가면서부터 자기 방 정리정돈, 이부자리 정리, 놀고 난 장난감 정리하기를 스스로 하게 했고 가정에서 할 수 있는 역할을 점차 늘렸다고 한다. 아이가 가져가라고 한 우산을 두고 가면 비가 오더라도 우산을 가져다주지도, 아이를 데리러 가지도 않았다고 한다. 비를 쫄딱 맞고 집에 들어오는 아이를 본 부모의 심정은 어땠을까. 자율성 높이는 육아는 아이가 사서 고생하는 모습을 지켜보는 것과 뻔히 보이는 좋지 않은 결과를 아이 스스로 책임질 수 있도록 기다리는 것이다. 아이의 자립심을 키우려면 부모가 인내해야 한다.

세 살 된 둘째는 독립심과 의존심 사이에 머물고 있다. 어느 날은 도와주려는 손길을 뿌리치고 기어코 혼자 힘으로 해낸다. 하지만 언제 그랬냐는 듯 혼자 하던 일도 미루고 대신해 달라고 한다. 이 시기에 아이를 종잡을 수 없는 이유이지 않을까.

자율성과 의존성에서 갈팡질팡 혼란스러워하는 아이에게 어떻게 반응해야 할까. [EBS와 공동기획 엄마가 모르는 아빠효과] 책에서 부모는 아이 혼자 하고 싶어 하는 욕구를 꺾지 말고

의욕을 키울 수 있도록 도우라고 한다. 부모가 대신해 주거나 기회조차 주지 않는다면 아이 혼자서 아무것도 하지 못하는 어른으로 될 가능성이 크다. 아이가 위험하지만 않으면 충분히 경험할 수 있게 돕자. 안된다는 말을 줄이고 조급한 마음을 내려놓자.

마지막으로 아이는 소유물이 아니다. 독립된 주체로 인정하고 존중해야 비로소 아이의 자율성을 키울 수 있다. 실수하는 경험이 성장으로 이끈다는 믿음이 있어야 한 발짝 물러설 수 있다. 아이 스스로 할 수 있다고 믿는다면 혼자서도 잘하는 아이로 자라날 것이다. 스스로 자기 인생을 계획하고 살아내는 어른으로 자라날 것이다. 자율성과 의존성 사이, 일생일대 두 번째 과제를 풀고 있는 둘째의 자율성을 키워줘야겠다고 다짐했다.

긍정적인 정서는 긍정적인 말에서 자란다

언어 습관은 어린 시절 부모의 말투에 영향을 받는다. 내 아버지의 대화 패턴은 자기긍정-타인부정 타입으로 나는 옳고 너는 옳지 않다는 식이다. 상대방의 이야기는 듣지 않고 자기 할 말만 한다. 아버지와 이야기를 나누면 벽이랑 대화하는 기분이 든다. 자기 생각과 다르면 신경질을 내거나 빈정거리는 말투로 대화를 끊어버렸다.

강압적이고 명령조 어투이며 비난하고 상대를 깎아내리기 때문에 대화는 같은 주제로 5분을 넘기지 못한다. 솔직히 아버지 말에 동의하지 않아도 싫은 내색하지 못했다. 나의 의견을 말하면 잔소리만 길어질 것을 아니까 건성으로 듣고 대답했다. 생각해 보면 지금까지 아버지와 깊은 대화를 나눠본 적 없다.

문제는 나도 모르게 아버지의 말투로 바뀔 때가 있다. 아이들이 말을 따르지 않을 때 빈정대고 화를 낸다. 짜증을 내고 신경적인 반응을 보이는 두 아들을 볼 때면 아버지의 말투와 행동이 불쑥불쑥 나오는 나 자신을 반성하게 된다. 고집스럽고 감정 조절을 못하는 아이로 만든 주범은 바로 나였다.

긍정적인 정서는 긍정적인 말에서 자란다. 부모의 말은 아이의 마음에 씨앗이 되어 뿌리내린다. 아이의 성격, 태도는 부모에게 영향을 받아 완성되기 때문에 말과 행동을 조심해야 한다. [아이의 미래는 부모의 말에서 결정된다] 책에서 "자녀에게 칭찬, 긍정의 말, 희망을 주는 메시지, 그리고 자존감을 높이는 표현을 사용하는 것은 그 무엇보다 중요하다."라고 했다.

첫째가 4살 되던 어느 날 자석 블록 놀이를 했다. 아들은 집중해서 뭔가를 만드는가 싶더니 갑자기 짜증을 내기 시작했다. 생각대로 안 만들어졌던 모양이다. 결국 자기 분에 못 이겨 블록을 이리저리 흩트리며 부숴 버렸다. 한동안 안 된다고 징징거렸다. 자기 뜻대로 안 된다고 블록을 이리저리 흐트러트리는 아들의 행동이 보기 좋지 않았다. 아들의 눈을 맞추고 대화를 시도했다.

"생각대로 안 만들어져서 속상하구나!"

"잉잉한다고 해서 만들어지는 건 아냐!"

"다시 만들면 되는 거야!"

차분한 어조로 일관되게 설명하던 어느 날 아들과 함께 자석 블록으로 자동차를 만들었다. 아들을 보여주려고 자랑하듯 들어

올렸다. 하지만 무게를 이기지 못하고 자석이 떨어져 나갔다. 한순간에 자동차가 부서졌다. 순간 아들을 쳐다보며 어리둥절한 표정을 지었다. 아들 반응이 궁금했고 일부러 속상한 척 우는 연기를 했다. 유심히 지켜보던 아들이 다가와 내 눈을 보고 한마디 거들었다.

"잉잉 하면 안 되지."

"잉잉 하면 안 만들어져."

"또 만들면 되지."

아들은 비슷한 상황에서 들은 대로 따라 말했다. 아들을 보며 아이들 앞에서 허투루 말을 해서는 안 된다는 것을 새삼 느꼈다. 아이는 스펀지가 물을 빨아들이듯이 표정, 말투, 행동을 있는 그대로 따라 했다. 말 그대로 긍정적인 자아상은 긍정적인 정서에서 열매 맺고 긍정적인 정서는 긍정적인 말에서 뿌리내린다는 것을 눈으로 확인했다.

아이의 마음을 읽고 공감하는 일은 뼈를 깎는 노력이 필요하다. 아이의 감정을 받아들이려면 불쑥불쑥 올라오는 자신의 감정부터 알아차려야 하기 때문이다. 아이의 진짜 마음을 들여다볼 여유를 챙겨야 하고 부모가 먼저 감정적으로 반응하지 않아야 가능한 일이다. 아이가 마음의 문을 닫을지 말지는 부모의 말에 따라 결정된다. 아이와 대화를 이어가려면 말하기 전에 먼저 아이의 상태와 말하는 패턴을 살펴봐야 한다. 나도 옳고 너도 옳다.

아빠는 누워서 놀아도 최고다

"애들은 내가 누워있는 꼴을 못 본다니까." 아이와 누워서 놀던 어느 날 아내가 볼멘소리를 했다. 자기는 1초라도 누워있으면 아이들이 난리 난다고 투덜거렸다. 방금까지도 누워서 아이들과 놀고 있었기 때문에 아내의 말을 믿지 못했다.

"여보 여기 와서 누워봐."

아내에게 잠깐 누워서 놀아보라고 했다. 아니나 다를까 눕자마자 아이들이 우르르 달려가 아내를 잡아당기며 일으켜 세웠다. 아이들은 왜 누워있는 나는 가만히 두고 아내는 일으켜 세우는지 알 수 없었다. 영문을 몰라 눈만 슴벅슴벅했다.

나중에 안 사실이지만 아이들은 엄마는 자신을 보호하고 보살피는 사람이라고 생각하는 반면 아빠는 자신과 노는 사람으로 생각한다고 한다. 한마디로 엄마는 자신을 돌보는 사람으로 아빠는 자신과 노는 사람으로 여긴다는 말이다. 어쩌면 아빠랑은 누워서 놀아도 재미있는지 모른다. 아이들은 나랑 놀 때만큼은 누워있어도 뭐라 하지 않았다. 적어도 세 아이는 그랬다. 엄마만 억울할 노릇이다.

아이들의 욕구를 채워주는 방법도 엄마 아빠가 달랐다. 지나고 보니 아이들은 배고플 때, 간식 먹고 싶을 때, 졸릴 때 아내를 찾는다. 아이들이 속상하거나 화났을 때 아내를 더 찾는다. 아무래도 엄마가 아빠보다 자신의 감정을 이해하고 받아줄 거라고 믿는 것 같다. 반면 놀 때는 어김없다. 아이들은 바짓가랑이를 붙잡으며 놀자고 엉겨 붙으며 조른다. "오빠가 퇴근하고 오면 아이들의 표정부터 다르다."라는 아내 말처럼 아이들은 나랑 놀 때 어느 때보다 즐거워한다. 한바탕 몸을 뒤섞고 격하게 놀면 그제야 만족한다.

아이들이 아빠랑 놀 때 더 재밌어하는 이유는 따로 있다. 아내와 노는 방법이 다르다. 아빠는 아이들의 호기심을 더 자극하고 충족시킨다. 아내도 아이들과 노는 모습을 보고 기겁한다.

아빠와 함께 노는 것 자체가 모험이다. 한 번은 몰펀 부속품인 고무줄로 새총을 만들어 동물 모양 장난감을 세워놓고 사냥놀이를 했다. 그런가 하면 볼풀공으로 구슬치기한다. 아내 눈에는 위험해 보이는 놀이도 서슴없이 한다. 미끄럼틀 위에서, 침대 위에서 뛰어내리는 두 아들을 굳이 말리지 않는다. 오히려 뛰어보라고 격려하고 다치지만 않게 지켜볼 뿐이다. 블록 놀이도 뚝딱뚝딱, 어려운 조립도 아내보다 빨리 맞추고 아이가 원하는 모양도 금방 만들어 준다. 엄마보다 힘이 세고 체력까지 좋으니 몸으로 노는 아들이 만족할 수밖에 없다. 아이들은 더 격하게 격렬하게 아빠와 놀고 싶어 한다. 어쩌면 놀이는 아빠의 고유한 영역일지 모른다.

당신도 아이들과 놀면서 아빠의 고유한 영역을 넓히길 바란다. 누워서 놀 수 있는 놀이를 추천하자면 단연 병원 놀이다. 피곤한데 놀아줘야 할 때 써먹으면 좋다. 아빠는 무조건 환자 역을 맡는다. "의사 선생님! 아파요." 아들에게 치료해 달라고 하면 부산스럽게 뭔가를 준비한다. 약을 챙겨 오며 정성을 다해 돌본다. 약도 발라주고 열도 재주고 주사도 놔준다. 아들은 괜찮냐며 아픈 상태를 확인한다. 이 순간만큼 아들은 명의다.

2019년 아들과 [극장판 미니 특공대 공룡왕 디노]를 보고 병원 놀이가 업그레이드됐다. 아들과 영화의 한 장면을 따라 했다. 아들은 남자 주인공, 나는 상처 입은 공룡왕 디노 티라노사우르스. 상처 난 팔에 약초를 발라주고 목마르지 않게 물도 먹여주고 배고프지 않게 고기를 챙겨준다. 그저 디노 역에 충실하면 된다. 끙끙 앓으면서 자는 척 노는 것이고 쉬는 것이다.

아마 아버지가 태워주는 비행기 놀이는 세대 통합 놀이이지 않을까. 아들 팔을 맞잡고 발로 아들을 들어 올린다. 난기류에 흔들리는 비행기처럼 좌우로 이리저리 흔든다. 흔들면 흔들수록 두 아들은 더 좋아한다. 아빠표 비행기는 멀쩡한 비행기가 없다. 바닥에 등을 대고 누운 후, 무릎을 굽힌 채 발등에 아들을 앉힌다. 다리를 가슴 방향으로 당겼다 폈다 반복하다 보면 아이들은 자지러진다.

아이들과 놀다 보면 브리지 자세를 취하게 된다. 누운 채 두 아들을 배에 앉혀 엉덩이를 들었다 내렸다 한다. 브리지 자세는 코어 운동 중 하나다. 코어 운동은 스트레칭을 하는 동시에 허리 근력 강화 효과가 있다고 한다. 첫째(18kg), 둘째(11kg)를 배 위에 앉히니 무리만 안 하면 따로 헬스장 갈 필요 없다. 아이들과 놀면서 운동까지 챙길 수 있어 좋다. 단 허리는 조심하길. 어쨌든 두 아들은 자이드롭을 타는 듯 짜릿한 표정을 짓는다. 계속 태워달라는 두 아들 덕에 강제로 누울 수밖에 없다.

"아이들은 하루종일 같이 있는 나보다 잠깐 놀아주는 오빠를 더 좋아하는 것 같아." 아내는 아이들과 신박하게 노는 모습을 보고 놀라워한다. 놀 때만큼은 아빠가 최고이기 때문에 놀이는 아내가 흉내 낼 수 없는 아빠만의 고유한 영역이다. 누워서 노는 것은 문제 될 게 전혀 없다. 단 30분이라도 매일 땀 흘리며 같이 논다면 놀이로서 충분하다. 아빠는 세상에 하나밖에 없는 놀이터다.

놀이를 대하는 아빠의 태도

육아에 원칙이 있듯 놀이에도 철칙이 있다. 아이들과 어떻게 노느냐에 따라 아이들과의 관계가 결정된다. 아이와 친해질 수도 씩씩거리며 뒤도 안 돌아보고 자리를 떠날 수도 있다.

아이의 몫은 남겨라

5살 첫째가 한창 블록 놀이에 빠졌을 때의 일이다. 어느 날 아들이 자석 블록을 가져와 중장비를 만들어 달라고 했다. 그때마다 아들이 원하는 것을 뚝딱 만들어줬다.

어느 날 아들에게 중장비를 만들어 보자고 했다. 하지만 아들은 만들기 싫다고 말했다. 되레 아빠가 만들어 보라며 블록을 다시 줬다. 그 당시에는 아들이 왜 그러한 행동을 했는지 알지 못했다. 단순히 블록으로 노는 것에 흥미가 떨어진 줄 알았다.

돌이켜보니 아들이 만들어 달라는 대로 다 만들어 줬다. 어쩌면 아들은 자기보다 뭐든 잘 만드는 아빠를 보고 자신감과 흥미를 잃었는지 모른다. 아들의 일을 대신해주지 말아야겠다고 생각한 계기다. 그 뒤로 아들이 할 수 있는 부분을 남겨둔다. 아무리 솜씨가 어설퍼도 스스로 만들어 보도록 기회를 준다. 내 눈에는 이상해도 아이 눈에는 작품이다. 서툴지만 처음부터 끝까지 아이가 직접 해보도록 응원해 보는 것은 어떨까.

아이에게 지는 것도 놀이다

때로는 아이에게 약한 모습을 보이는 것도 아빠의 지혜다. 아이들에게 적당히 어설픈 모습을 보이자. 자녀와의 게임에서 괜한 승부욕을 부리면 아이에게 좌절감을 심어줄 수 있다. 놀이에 대한 흥미를 잃고 짜증 낼 것이다.

첫째가 다섯 살이 되더니 팔씨름하자고 벼른다. 몇 번 이기다가도 아이가 힘쓰는 대로 져준다. 지는 연기가 어려울 줄이야 아빠가 되고 알았다. 이리저리 왔다 갔다 팽팽하게 맞서면서 버텨줘야 한다. 진지하게 경기에 임하면 낭패다. 한 번은 승부욕으로 지는 척하다가 힘을 주고 이겼다. 지는 연기를 하지 못해 동심을 파괴하고 말았다. 아들은 당황하며 울음을 터뜨렸다.

아이들은 어른을 이기는 데서 기쁨을 얻는다고 한다. 생각해 보면 아버지에게 이기지도 못할 팔씨름을 도전했었다. 어떻게든 이겨보겠다고 두 손 써가며 안간힘을 다했다. 마지막 판은 항상 이겼지만 진실은 아버지가 일부러 져 준 것이다. 그럼에도 불구하고 아버지를 이겼다는 생각에 뿌듯했고 조금만 더 힘을 쓰면 이길 수 있겠구나 싶어 도전했다. 아이에게 가끔 져주는 것도 지혜다.

놀이는 규칙, 질서 교육의 기회다

놀이에도 규칙이 있다. 아이와 놀면서 규칙과 질서를 알려주는 좋은 기회다. 가끔 지나친 승부욕 때문에 자기 멋대로 자기에게 유리하게 규칙을 바꾸는 아이들이 있다. 하지만 참여하는 사람들이 동의하지 않으면 놀이가 아니다. 아이들과 놀면서 다른 사람과 어우러지기 위해 바람직한 태도를 가르쳐주자.

아이들과의 놀이는 정해진 게 없다

아이들과 놀아보니 놀이에 정해진 것은 없다는 것을 알았다. 함께 즐거우면 뭐든 놀이다. 보통 아이의 오감을 자극하기 위해 촉감놀이를 한다. 엄마들은 두부나 밀가루 반죽을 주물럭거리거나 욕조에 미역을 풀어 미끈미끈한 미역을 가지고 촉감 놀이한다. 하지만 아빠표 촉감놀이는 다르다. 도구는 딱히 필요 없다. 마흔이 넘어도 어렸을 때 아버지의 까끌까끌한 턱수염을 만지던 느낌은 생생하다. 분유 먹이듯 다리에 눕혀서 한쪽 발을 잡았다. 아들의 발을 잡아 들어 올려서 발바닥을 턱 밑으로 면도하듯이 문댔다. 잉~ 잉~ 면도기 소리를 내면 아들은 자지러지게 웃는다.

아빠는 아이의 훌륭한 롤모델

아이들은 별 걸 다 따라 한다. 외출했다가 집에 거의 도착할 때쯤 있었던 일이다. 아파트 단지 내 진입하자마자 안전벨트를 뺐다. 안전벨트를 내려놓기 무섭게 "틱" 뒷자리에서 안전벨트를 빼는 소리가 들렸다. 아들이 안전벨트를 푼 것이다.

"유호야! 아직 차가 안 멈췄으니 안전벨트를 빼면 안 돼!"

"위험하니까 다시 안전벨트를 매자."

아들에게 말해보지만 아무 소용이 없다. 아들은 이미 두 팔을 하나씩 운전석과 조수석 사이에 걸쳐놓고 보란 듯 서 있었다. 아들의 표정은 어느 때보다 당당했다.

"아빠도 뺐으니까." 아들의 한마디에 할 말 없게 됐다. 아들 보기 민망했다. 아이는 부모의 행동을 보고 배운다더니 딱 나를 두고 하는 말이다. 아들에게 안전벨트를 매야 한다는 말이 먹히지 않았다. 왜? 아빠도 뺐으니까. "자녀를 가르치는 가장 좋은 방법은 스스로 본을 보이는 것이다." 라는 탈무드의 가르침을 다시 새

기게 되었다.

생후 1개월이 된 아이도 엄마가 혀를 날름거리면 따라 한다. 모방은 단계를 거쳐 발달하는데 처음은 단순히 행동만 따라 하다가 타인 행동에 숨은 의도를 간파하게 된다고 한다. 이는 다른 사람들과의 관계 속에서 어떻게 행동해야 할지 따라 배우게 된다. 다른 사람들과의 소통에 필요한 능력이다. 아이들의 말과 행동에서 아내와 내 얼굴이 보일 때나 선생님이나 친구들에게 들은 말을 그대로 따라 말할 때마다 깜짝깜짝 놀란다.

모방심리는 아이에게 훌륭한 선생님이 될 수 있다. 모방심리를 이용하여 기본 생활 습관을 가르치자. 아무리 자기가 논 장난감은 자기가 정리하는 거라고 차근차근 설명해도 아이에게는 부모의 잔소리일 뿐이다. 혼내면 반항심만 커지고 더는 부모의 말을 듣지 않는다. 백번 말하는 것보다 한번 보여주는 것이 낫다. 시키지 말고 같이 치워보자고 하면 된다. 한 번 시범 보이는 것이 효과적이다. 아이 스스로 주변 정리하는 날이 올 것이다.

더는 "골고루 먹어라, 남기지 마라, 밥 먹을 때는 앉아서 먹어야지." 말하면서 감정 소모할 필요 없다. 아이와 실랑이하다 끝난다. "아빠 골고루 먹으니까 키가 크고 힘이 센 거야, 아빠 밥 먹을 때 앉아서 먹어, 유호도 앉아서 먹어보자." 빗대어 말하며 모방할 수 있도록 행동으로 보여주면 된다. 과장되게(유머 넘치게) 맛있게 먹으면 된다. 아이는 기분 상하지 않아 좋고, 부모는 진 빼지 않아 좋다. 한참을 빤히 쳐다본 아들은 앉은자리에서 한 그릇 뚝딱 해치운다. 둘째는 안 먹던 미역과 샐러드를 먹기 시작했다.

자녀는 부모의 의도에 맞게 행동하지 않는다. 아이들을 키우다 보면 동공이 마구 흔들리는 순간이 찾아온다. 아이는 통제할 수도 없지만 통제해서도 안 된다. 시키는 것만 잘하는 아이로 키우지 않으려면 내려놔야 하는 마음이다. 아이 스스로 할 때까지 기다림의 연속이라는 것을 항상 염두에 두자. 다시 강조하지만 자녀는 부모의 말과 행동을 보고 배운다. 뭐든 스펀지처럼 흡수하는 자녀에게 바르게 크라고 닦달만 할 것이 아니라 부모가 먼저 좋은 생각을 품고 바른 행동을 하자. 자녀 인생의 좋은 롤모델은 부모다. 성장하는 자녀에게 긍정적인 영향을 미치자.

어린이집에 적응 잘하는 4살도, 결국 아이였다

"어린이집에 안 갈래!"

결국 일이 터지고 말았다. 첫째가 어린이집 가기를 거부하기 시작했다. 어린이집 문 앞에서 자지러지며 드러눕는 정도는 아니지만 우는 아들을 보고 걱정되었다. 사실 첫 적응 기간이었던 3주 동안은 적응하는 것처럼 보였다. 뒤돌아보지 않고 선생님 손을 잡고 쫄래쫄래 따라가던 아이였는데 무슨 일이 있었던 걸까.

첫째는 동생이 태어나자마자 떠밀리듯 어린이집에 보내졌다. 부모들이 말하는 최악의 시기에 보내진 것이다. 생각해 보면 분리불안이 생길만하다. 아들에게 미안한 일이지만 어쩔 수 없는 일이다. 아내는 신생아를 돌봐야 하고 나는 일을 해야 했다. 하필 또 종일반에 보냈다.

낯선 공간에서 8시간 이상을 지내야 하는데 4살 아이가 감당하기에는 힘든 일이다. 집에 가자며 소매를 잡고 닭똥 같은 눈물을 흘리는 아들을 보며 죄책감이 들었다. 이러려고 둘째를 가진 게 아닌데.

어린이집에서 잘 적응하려면 부모와의 안정적인 애착 관계를 만들어야 한다. 정서적으로 안정된 아이는 부모와 떨어지더라도 불안해하지 않는다고 한다. 엄마 아빠가 다시 돌아와 자신을 데려갈 거라고 믿기 때문이다. 태어나서 오랜 시간 부모와 떨어져 본 경험이 없는 아이에게 어린이집은 불안하고 스트레스를 주는 공간에 불과하다. 물리적인 공간뿐만 아니라 같은 또래와 어른들과 관계를 맺어야 하는 상황에서 적응하기란 여간 쉬운 일이 아니다.

그럼에도 직장생활로 인해 어린이집에 보내야 하는 경우가 많다. 아이가 어린이집 생활에 적응할 수 있도록 돕는 것이 최선이다. 매일 어린이집에 보낼 때 떨어지는 의식을 치러 보자. 아이를 챙기고 출근해야 한다면 마음이 급해질 수 있다. 이때 아이를 다그치면 안 된다. "오늘도 친구들과 재밌게 놀다 와." 다정하게 인사를 하고 보내자.

마지막으로 눈맞춤하고 일 끝나고 데리러 온다는 것을 알리며 따뜻하게 안아준다. 어린이집은 친구들과 선생님을 만나 즐겁게 노는 곳이라고 말해준다. 엄마 아빠는 일을 해야 해서 일 마칠 때까지는 돌봐줄 수 없다는 것을 아이가 받아들일 때까지 계속해서 알리자. 일단 기분 좋게 등원하면 쉽게 부모와 떨어질 수 있다.

뿐만 아니라, 단체 생활에 적응하려면 기본 생활 습관을 들이는 연습이 필요하다. 아이들은 또래 친구들과 공동체 생활을 하며 규칙을 배운다. 규칙을 가정에서 먼저 체험할 수 있도록 연습하라. 외출했다가 오면 손발 씻기, 밥 먹고 양치질하기, 가지고 논 장난감 정리하기, 밥 먹을 때는 앉은자리에서 먹기, 먹고 난 식기는 싱크대에 넣기를 가르칠 수 있다. 형제가 있으면 자연스럽게 관계 안에서 필요한 관계 기술을 터득하겠지만 외동아들은 가정에서 그럴만한 경험이 충분하지 않다. 부모가 상대역이 되어 부모가 본보기가 되어줘야 한다. 장난감을 정리하는 것도 치우라고 시키기보다 놀이처럼 함께 치워보자.

하원할 때 부모의 말 한마디가 아이의 자신감을 높여준다. 하루 종일 애썼을 아이를 안아주며 애썼다고 다독여주자. 아이가 다섯 살만 되어도 오늘 하루 어떻게 보냈는지 물어보면 미주알고주알 자랑하듯 말한다. 어린이집에 있었던 일을 관심 가지면 아이는 자신감이 생길 것이다. "간식은 뭐 나왔어?", "오늘 재밌었던 일은 뭐야?", "오늘 어떤 것을 배웠어?" 아이의 일상을 궁금해하고 질문해 보자. 어린이집에 있었던 일을 듣다 보면 아이의 생각과 감정을 알 수 있다. 하루를 무사히 보낸 아이를 지지하고 격려하는 시간을 가지면 된다.

아이들은 부모가 생각하는 것보다 훨씬 잘 해낸다. 일하는 것에 죄책감 가질 필요는 없다. 무슨 일이 생기지 않을까 불안해하지 말고 아이의 건강한 발달을 위해 직면해야 할 과제라고 생각하자. 또래 친구들을 만나며 규칙을 배우고 새로운 인간관계를 만들 것이다. 생애 처음으로 부모 아닌 어른과 지내면서 부모가 가르쳐주지 못하는 부분을 채워줄 것이다. 어린이집에서 잘 적응할 거라고 믿자. 아이는 믿는 만큼 크니까.

아이에게 선택권 주기

취향의 문제일까요. 6살 첫째는 여자 아이들이 좋아하는 [시크릿 쥬쥬] 별의 여신에 빠졌다. 차에만 타면 [시크릿 쥬쥬] ost를 틀어달라고 조른다. 한동안 [미니 특공대]와 [헬로카봇]은 거들떠도 안 봤다. 운전대만 잡으면 [시크릿 쥬쥬] ost를 들어야 하니 곤욕이었다. 뭐 나중에는 아들과 따라 불렀지만.

2021년 어린이날 가족들과 교보문고에 갔다. 아들과의 약속을 지킬 겸 스티커북을 사러 간 것이다. 부모 욕심에 아들에게 그림책 살 것을 권했지만 아들은 관심 없었다. 한참 둘러보더니 아들이 어딘가에 발걸음을 멈추었다.

네일아트 스티커가 진열된 코너였다. 아들은 스티커를 이것저것 들춰보다가 하나를 골랐다. 아들은 [시크릿 쥬쥬] 네일아트 스티커가 좋다고 했다. 네일아트 스티커를 사고 싶어 하는 아들이 내키지는 않았다. 이왕이면 남자 애들이 좋아하는 것으로 바꾸길 바랐다. 아들에게 넌지시 [미니 특공대], [헬로 카봇] 스티커를 권했다. 하지만 아들은 조금도 거들떠보지도 않았다.

아들의 좋고 싫음이 분명해진 어느 날, 아들은 닳아 밑창이 떨어진 운동화만 신으려고 했다. 집에 운동화가 없는 건 아니다. 새 운동화가 버젓이 있다. 하지만 아킬레스건에 닿는 부분이 딱딱하고 불편하단 이유로 신기를 거부했다. 새 운동화라서 자주 신으면 괜찮아진다고 말해도 소용없었다. 아내와 나는 답답한 마음에 아들을 데리고 몇 번 운동화를 사러 갔다. 하지만 아들은 아내가 신어보라는 운동화에는 전혀 관심이 없다. 이미 다른 것에 시선을 뺏겼다.

아들은 여자 구두가 있는 코너에서 떠나지 않았다. 자기는 반짝거리는 큐빅이 좋다며 사달라고 졸라댔다. 솔직히 보석 박히고 리본 달린 여자 구두에 꽂힌 아들이 이해되지 않았다. 언제 끝날지 모르는 아들의 구두 사랑을 지켜보자니 아빠로서 천불이 났다.

"유호야! 구두는 여자아이가 신는 거야!" 아들은 아빠의 마음을 아는지 모르는지 구경하기 바빴다. 아랑곳하지 않고 구두를 골랐다. 한참 진열된 구두를 신고 벗었으며 구두 쇼핑 삼매경에 빠졌다. 구두 신은 발을 보고 좋아하는 아들을 보며 아내도 나도 어찌할 바를 몰랐다. 그날 결국 구두만 구경하고 운동화는 사지 못했다.

"한 반에 남자아이들 한두 명은 꼭 여자 구두를 신고 온다고, 한 번쯤 사줘야 한대."

아내도 답답했는지 어느 날 어린이집에서 일하는 친구에게 물어봤다. 아내의 친구는 아들의 취향을 존중해 줘야 한다며 저렴한 것으로 사주라고 조언했다. 그리고 가끔 남자아이들 중에 여자아이의 구두에 흥미를 가지는 경우가 있다고 덧붙였다. 중요한 것은 아들이 여자 구두를 신고 어린이집에 가는 경험을 해보는 것이라고 했다. 아내의 말을 듣고 반성하게 되었다.

아이 스스로 선택해야 실랑이가 줄어든다. 아이의 선택에 따른 결과를 대신 책임지려고 하니 아이와 싸움이 벌어지는 것이다. 아내의 말을 듣고 부모 생각만 고집하고 내세우면 안 되겠다 느꼈다. 선택에 따른 결과는 오롯이 아이의 몫이라는 것을 잊지 말아야겠다. 아이의 몫을 대신해주지 않는 것, 아이의 선택을 존중하는 것, 선택한 결과에 책임질 때까지 기다려주는 일이 이토록 어려운 것인지 몰랐다. 아이 문제의 선택권은 아이에게 있다.

하늘을 찌르는 아이의 주도성 : 전지전능감

첫째를 호되게 나무란 어느 날 책을 읽었다. 책장을 넘기다가 "미운 여섯 살"이라는 표현에서 한참을 곱씹었다. 미운 네 살은 들어봤어도 미운 여섯 살 표현은 처음 들어봤기 때문이다.

"미운 여섯 살" 시기가 되면 아이들은 부모 말을 잘 듣지 않는 다고 한다. 어른들이 하는 것을 자기들도 할 수 있다고 믿기 때문 이다. 이 시기에 무슨 일이든 자기가 하겠다고 고집부린다고 하 는데 저자는 이를 "전지전능감"이라고 표현했다. 저자의 말에 따 르면 부모를 무척 힘들게 하는 때지만 발달 과정상 극히 자연스 러운 모습이라고 했다. 미친 일곱 살이라는 표현까지 있는 것을 보면 전지전능감은 5세~7세에 생기는 마음인가 보다.

책을 읽으면서 속마음을 들킨 것 같아 민망했다. 하지만 여섯 살 첫째를 "전지전능감" 한 단어로 표현할 수 있어 속 시원했다. 딱히 말로 설명할 수 없었던 아들의 모습들이 몇 문장으로 정리 돼서 뭔가 답답한 마음이 좀 풀렸기 때문이다. 책을 덮고 그동안 첫째 아들의 말과 행동을 떠올렸다. 아들은 자기 뜻대로 되지 않으면 씩씩거리며 맞섰다. 기어코 눈치를 살피며 어깃장을 놓았다. 그간의 아들 말투, 행동은 저자가 말한 대로였다. 전지전능감으로 무장한 여섯 살 아들을 그제야 이해할 수 있었다.

발달심리학자인 에릭 에릭슨에 따르면 3~6세에 주도성이 발달한다고 한다. 이 시기에 아이는 고집스러워지고 모든 일에 주도성을 가지려고 한다고 한다. 어쩌면 전지전능감과 주도성은 서로 관련이 있을지 모른다. 모든 상황을 통제하려 드는 것은 스스로 하려는 심리에서 비롯되기 때문이다.

아들의 주도성은 대화에서도 발견할 수 있다. 말을 그럴싸하게 잘 지어낸다. 기억의 오류와 표현능력 부족으로 생기는 일일지 모르겠지만 아들은 사실과 없는 말을 교묘하게 섞어 말한다. 처음에는 여섯 살 아들이 하는 말을 어디까지 믿어야 할지 몰랐다. 아들의 말을 듣고 있으면 뭐가 진실일까, 혼자 되묻게 된다. 아들 말에 공감하면서도 속으로 가려듣는 나를 마주한다. 가끔 거짓말이라고 생각했던 말들이 나중에 사실이었다는 것을 알 때 얼마나 당혹스러운지 아는가.

어쩌면 대화의 주도권을 자신에게 가져오기 위해 벌어지는 일이 아닌지 싶다. 이때 거짓말 아니냐고 따져 묻고, 아이가 무안

하게 핀잔주거나 혼내면 안 된다. 차라리 시나리오 작가라고 생각하는 게 속 편하다. 아이가 눈치를 채지 못하게 적당히 가려듣는 지혜가 필요한 시기다. 공감은 사실을 기반으로 하지 않기 때문이다.

아들의 전지전능감이 하늘을 찌르는 시기가 있었다. 어느 날부터 다른 사람과 비교하기 시작했다. 7살 아들이 처음으로 핸드폰을 사달라고 했다. "핸드폰 사주면 안 돼? 엄마 아빠 있잖아." 아무리 사줄 수 없는 이유를 설명해도 이해하지 못했다. 아들은 그저 자신의 요구를 들어주지 않는 엄마, 아빠가 밉고 속상할 뿐이다. "남들처럼 다 갖추지 않아도 너는 멋진 존재야!" 아들에게 말해도 이 시기에 뜻을 알아듣기 만무하다.

주도성이든 전지전능감이든 발달 과제를 획득하고 욕구를 충족해야 건강한 아이로 자랄 수 있다. 아이의 기세등등한 우월감을 함부로 꺾지 말아야 하는 이유다. 사사건건 간섭하고 조정하려고 들면 힘겨루기가 시작된다. 부모는 다그치거나 윽박지르게 되는데 아이에게 불필요한 긴장감과 불안을 준다. 부모에 대한 분노와 반항심만 심어줄 뿐이다. 부모와 대등하다고 생각하는데 힘으로 누른다고 통제되겠는가. 미운 네다섯을 지나 미친 일곱 살까지 육아가 힘든 것은 아이를 대등한 관계로 인정하지 못하는 부모의 태도때문은 아닐까. 아이의 주도성, 전지전능감을 적당히 봐주자.

공감하는 아이로 키워야 하는 이유

　학교에서 아이들을 상담하면서 공감 능력이 얼마나 중요한지 깨닫는다. 어느 날 한 아이가 교육복지실 문을 박차고 들어왔다. 잔뜩 화가 나서 씩씩거리는 아이를 앉히고 무슨 일이 있었길래 이렇게 화가 났을까 다독이며 물었다.

　체육 선생님이 게임을 안 시켜준다고 쏘아보며 말했다. 화나서 수업 도중 교육복지실에 온 것이다. 하지만 나중에 알고 보니 체육 선생님에게 들은 이야기는 아이의 말과 달랐다. 선생님은 아이 순서가 되지 않아 기다리라고 차분하게 설명했다고 한다. 결국 자기 뜻대로 되지 않는 상황에 감정을 폭발하고 수업 거부라는 행동까지 이어진 것이다.

　학교생활에 적응하지 못하는 아이들은 대체로 친구 관계가 좋지 않다. 주로 공감 능력이 부족해서 생기는 문제다. 공감 능력이 부족하면 자기 생각, 감정, 행동만 중요하게 생각한다. 타인을 조금도 배려하지 않는다. 갈등이 생겼을 때 문제 해결을 위해 타협하거나 협력할 줄 모르고 감정만 앞세운다. 결과에 대해 책임지지 않으며 남 탓하기 바쁘다. 자기 기분이 조금이라도 상하면 관계부터 끊는다. 자신이 손해를 보면 복수를 선택하기도 하는데 받은 대로 돌려줘야 직성이 풀리기 때문이다. 사람들과의 관계만 나빠지는 악순환에 빠지는 것이다.

아이들이 관계 맺기에 어려움을 겪을 때, 어떻게 하면 공감 능력과 문제 해결 능력을 키울 수 있을까 고민하게 된다. 어떻게 하면 자신의 감정에 휘둘리기보다 자기감정을 다스리고 적절하게 표현할 수 있는 사람으로 키울 수 있을까. 공감 능력을 생각하다가 국민 MC 유재석이 떠올랐다.

우연히 새 시즌을 알리는 [유 퀴즈 온 더 블록!] 예고편을 봤다. 영상에서 국민 MC 유재석은 울고 있었다. 주체 없이 흐르는 눈물을 어쩔 줄 몰라했다. 잠깐 본 장면인데도 뇌리에 박혔다. 본 방송이 궁금했을 정도다. 예고편을 본 사람이라면 누구나 그랬을 것이다.

드디어 제47화 전사들 편을 봤다. 코로나19와 맞서 싸우고 있는 사람들의 이야기를 담았다. 내가 본 예고편은 대구로 의료 봉사를 자원한 어느 간호사와의 인터뷰 장면이다. 두 MC는 대구로 내려간다고 했을 때 가족들의 반응이 어땠는지 물었다. 가족들은 거기에 왜 가냐고 만류했다고 한다. 그럼에도 국가 위기 상황에 앞장서야 한다고 생각해서 오게 됐다고 그때 심정을 담담하게 전했다. 곧바로 방역에 사력을 다하는 의료진 모습이 전해졌다. 현장에 있는 최일선의 사람들은 코로나19에 감염될지 모르는 상황과 두려움에서도 고군분투하며 코로나19 감염 확산 극복에 애쓰고 있었다.

영상이 끝나고 다시 인터뷰가 이어졌다. 인력이나 의료 물품, 시설이 턱없이 부족한 상황이고 15시간에서 17시간 근무해야 한다며 열악한 현장 상황을 전했다. 유재석은 마스크 하나로 며칠을 버틴다는 말에 마음이 아프다며 말을 잇지 못했다. 점점 눈시울이 붉어졌다. 애써 올라오는 감정을 눌러가며 토크를 이어갔지만 오래가지 못했다. 오히려 간호사는 자신은 괜찮다며 가족과 두 MC를 걱정했다. 유재석은 결국, 꾹꾹 참았던 눈물이 터지고 말았다. "자꾸 괜찮다고 하시는데…… 마음이 아파서." 그 와중에도 유재석은 상대방의 마음을 먼저 헤아리고 배려했다. 일하는데 괜히 신경 쓰이게 했다며 미안해했다.

국민 MC의 진면목을 여실히 보여주는 장면이라고 생각한다. 사람들이 왜 유재석 유재석 하는지 이유를 알겠더라. 아마 모든 시청자가 함께 울었지 않았을까. 유재석의 눈물로 모두가 위로

된 날이기도, 다시 힘을 내는 날이기도, 함께 산다는 느낌을 받은 날이기도 했다. 공감의 힘은 생각보다 위대하다.

아이는 부모의 거울이란 말이 있다. 공감하는 아이로 키우려면 부모가 먼저 아이를 공감해야 한다. 아이의 마음부터 살펴야 한다. 아무리 눈에 거슬리는 행동이라도 그럴만한 이유를 찾아봐야 한다. 행동보다 마음을 들여다보고 아이의 말을 주의 깊게 들으면 공감할 수 있다. 하지만 부모도 감정의 동물이다 보니 아이의 부정적인 감정까지 공감하기란 쉽지 않다.

아들이 부정적인 감정을 폭발하거나 내색하면 불편한 감정이 올라왔다. 사실 부모로부터 나의 감정을 있는 그대로 수용받아 본 경험이 없다. 받아보지 않아 서툰 것이었을까. 아들이 자신의 불편한 감정을 내비쳤을 때 어떻게 반응해야 할지 몰랐다. 아버지는 남자는 우는 게 아니라며 감정을 무시하기 일쑤였고 무슨 일이 있었는지 묻지 않아 서운했다. 그래서인지 몰라도 아들의 부정적인 감정 표현에 어떻게 반응해야 할지 몰랐다. 돌이켜 보면 "안돼!", "그만 좀 울어!", "그게 울 일이야?" 아이의 감정을 있는 그대로 공감하지 못하고 힘으로 억누르거나 내버려 두고 무시했다.

[초등 감정 사용법] 저자 박태연은 눈에 보이는 한 가지 행동

으로 판단하기 전에 먼저 아이의 마음을 바라보라고 한다. 자신의 마음을 믿어주는 사람이 단 한 명만 있더라도 아이는 좋은 모습을 더 발전시키려고 노력한다고 한다.

아이의 행동보다 감정을 먼저 살펴라. 공감을 받아본 아이가 공감할 줄 안다. 잘못된 행동에 대한 조언이나 제한은 그다음으로 미루는 것이 낫다. 눈에 보이는 행동에 초점을 두면 아이는 억울한 감정만 쌓일 뿐이다.

아이는 부모의 말을 들으며 감정을 배운다. 부모는 아이의 행동이 내키지 않고 동의할 수 없어도 아이의 감정을 먼저 들여다보고 공감해주어야 한다. 결코 큰소리치거나 화내지 말아야 하는 것이다. 부모가 아이의 속상한 마음을 다독이지 못하면 아이는 자신의 감정을 표현하지 않고 마음의 문을 닫는다. 한번 닫힌 마음의 문은 아이 스스로 열지 않는 이상 다시 열기 힘들다. 아이의 감정을 공감하지 못하면 소통할 수 없다.

엄마는 문제를 분석하는 사람이 아니라 들어주는 사람이 되어야 하고, 아빠는 문제를 해결하는 사람이 아니라 상담하는 사람이 되어야 한다. 아이는 부모에게 자신의 감정을 공감받고 존중받아본 경험이 쌓여야 자존감이 자랄 수 있다. 마음이 단단한 아이는 자신의 모든 면을 사랑한다. 문제가 생겼을 때 스스로 대처한다. 엄마가 애써 아이의 좋은 면을 포장하거나 부족한 면을 낱낱이 까발리지 않아도, 아빠가 대신 해결해 주거나 더 나은 방법을 알려주지 않아도 된다. 다시 말하지만 어떤 감정이라도 아이의 마음을 먼저 알아차리자. 아이의 마음을 있는 그대로 보자. 아이 스스로 해낼 힘이 더불어 생길 것이다.

첫째의 핵심 감정을 소개합니다

 사람은 핵심 감정에 영향을 받으며 살아간다. [그림책과 함께 하는 독서치료 프로그램] 저자 조난영은 핵심 감정을 이렇게 정의했다. 무의식에 있는 소망, 욕구 등의 좌절로 인해 형성된 특정한 감정으로, 여러 감정 중에 가장 근본적이고 중심이 되는 감정이라고 말했다. 주로 어린 시절 형성되며 부모와의 상호작용에서 사랑받느냐의 여부에 따라 생긴다고 했다. 특히 핵심 감정은 평생에 걸쳐 인지, 정서, 행동에 영향을 미친다고 한다.

 첫째의 핵심 감정에 대해 생각하다가 [인사이드 아웃] 영화가 떠올랐다. 아마 주인공 라일리의 핵심 기억과 같은 의미이지 않을까. 핵심 기억은 의미 있는 순간에 만들어진다. 아빠와 아이스하키를 하면서 처음 점수를 땄을 때 느꼈던 감정과 기억은 하키섬이라는 장기 기억으로 저장되었다. 라일리의 핵심 기억에는 엉뚱섬, 우정섬, 가족섬이 만들어져 있다. 핵심 기억은 인격에 영향을 미치고 라일리의 개성을 나타내준다고 했다.

어느 날 동생이 세 명이 있는 학생을 상담했다. 요즘 어떻게 지내는지 물었다. 이런저런 이야기를 나누다가 동생 이야기로 화제가 바뀌었다. 아이는 동생들이 자신을 무시한다며 싫어했다. "동생들이 너를 어떻게 대해?" 되물었다. 동생들이 자기가 만든 장난감을 허락도 없이 만지고 망가트린다고 했다. "그럴 때마다 동생들에게 어떻게 반응해?" 조심스럽게 물었다. 때리고 싶지만, 엄마에게 혼날까 봐 참고 있다고 말했다. 아이는 애써 자기감정을 누르고 있었다. "억울했겠구나." 다독이자마자 금세 아이의 눈에 눈물이 고이더니 뚝뚝 떨어졌다.

상담하는 내내 첫째가 떠올랐다. 마치 첫째가 내게 하는 말 같았다. 첫째라면 누구나 경험하는 생각이고 감정이다. 그 아이의 눈에는 슬픔, 분노, 서운함, 억울함, 혼란스러움, 짜증, 화, 우울함이 보였다. 첫째도 그런 마음이 들었겠구나.

"변한 것은 누구일까."

첫째가 볼 때 엄마, 아빠가 변했다. 첫째에게 오롯이 가던 관심과 돌봄이 동생에게 나눠졌다. 젖먹이 육아로 둘째에게만 신경 쓴다. 자연스럽게 첫째와 보내는 시간이 줄어들었다. 주말이면 항상 자신과 놀아주던 아빠가 첫째 입장에서는 사라진 거나 다름없다. 돌이켜보니 첫째가 "킥보드 타자", "안아줘", "책 읽어

줘", "톡톡 블록 만들자" 요구하면 둘째 보느라 반응도 즉각 하지 못했다. 상실감이 이만저만하지 않았을까.

억울하게 혼나는 상황도 늘었다. 첫째에게 아무리 차분하게 설명한다 해도 아이 입장에는 동생 편드는 것밖에 안 된다. 양보하도록 조정한 것에 불과하다. 동생에게 박탈감을 느꼈을 것이고, 아빠에게 배신감이 싹텄을 것이다.

생각해 보면 둘째의 손발이 되어주느라 첫째를 챙기지 못했다. 둘째를 안고 있으면 첫째가 쪼르르 달려와서 나도 안아달라고 조르지만, 매번 첫째의 요구를 거절했다. 습관이 들까 봐 안아줬어도 금방 내려놓았다. "유호는 이제 걸어야 해, 유호가 많이 커서 오래 안지 못해." 안지 못하는 이유를 둘러대지만 첫째는 이해하지 못할 일이다. 동생한테 엄마 아빠를 뺏긴다고 생각하지 않았을까. 유독 동생을 이뻐하고 잘 챙겼던 첫째라 더 혼란스러웠을 것이다. 엄마 아빠 눈에 들기 위해 애써 동생을 좋아했는지 모른다.

알게 모르게 첫째에게 [형이니까] 감투를 씌워주고 있었다. 첫째는 형이기 전에 부모 사랑과 관심을 온전히 받아야 할 아이일 뿐이다. 생각해 보면 첫째는 겨우 다섯 살이다. 기저귀를 못 뗀 둘째와 자꾸 비교하다 보니 다 컸다고 착각했다. 아빠랑 더 놀고 싶고, 더 이야기하고 싶다는 첫째의 말을 기억해야겠다.

그런 의미에서 첫째와 단둘이 여수로 여행 떠나기로 했다.

베갯머리 독서 습관 선물하기

세 아이를 키우면서 잘한 일 중 다른 하나는 아이가 아내 뱃속에 있을 때부터 지금까지 잠들기 전 책을 읽어주고 있다는 것이다. 책 읽기는 아이들의 수면 의식이자 베갯머리독서이다.

독서의 유익은 두말하면 잔소리다. 독서는 두뇌를 골고루 발달시켜 인지 기능을 높인다. 언어 능력 발달은 말할 것도 없다. 급변하는 시대, AI 인공지능과 경쟁해야 할 미래 사회에는 본질을 꿰뚫는 판단력과 서로 다른 지식과 경험, 노하우를 연결해 새로운 아이디어를 만들어 내는 능력이 요구될 것이다. 미래 사회 인재상은 독서를 통해 만들어질 것으로 본다.

첫째만 봐도 책 읽기 습관이 얼마나 중요한지 알 수 있다. 첫째는 특별한 한글 공부 없이 한글을 익혔다. 말이 빨랐고 자기표현이 좋은 것은 책을 좋아하기 때문이라 생각한다. 첫째를 키우면서 7세 이전에 꼭 해야 할 자녀 교육은 독서 교육이라는 것을 느꼈다.

유대인은 [토라]와 [탈무드]를 자녀와 함께 읽고 토론한다. 유대인 부모는 아이에게 어떻게 생각하는지 묻는다. 부모가 아이의 대답을 듣고 꼬리를 무는 질문을 한다. 하지만 아이와 함께 토론할 수 있으려면 책 읽는 습관부터 길러야 한다. 자녀에게 책 읽기 습관을 선물하는 것이야말로 최고의 교육법이다. 스마트폰이나 TV를 보는 아빠보다 책을 즐겨 읽는 아빠가 되자.

책 읽기 습관은 태아 때부터 들일 수 있다. 임신 5~6개월이 되면 태아는 청각이 발달한다. 태아는 엄마 목소리보다 아빠의 목소리를 더 잘 듣기 때문에 아빠가 직접 아내의 배에 대고 책을 읽어주는 것이 좋다. 책을 읽어주지 않아도 매일 밤 잠자기 전에 아이에게 말을 걸고 기도하면 일상을 기록한 책을 읽어주는 것이나 다름없다. 아내가 배가 불러오기 시작할 때 매일 밤 배에 튼살 크림을 발라주고 잠들기 전에는 그림책을 읽어주었다.

잠자는 의식에 책 읽기를 끼워 넣어라.

책 읽는 습관을 들이는 효율적인 방법은 잠자는 의식에 베갯머리독서를 끼워 넣는 것이다. 매일 밤 아이들을 재우기 전에 책을 읽었다. 책 읽기로 수면 의식을 치른 것이다. 집에 모든 불을 끄고 아이들과 함께 잠자리에 누웠다. 핸드폰 손전등이나 헤드

랜턴을 켜고 책을 읽었다. 아이들은 자연스럽게 잠자기 전 책 읽기를 수면 의식으로 받아들이기 시작했다. 이제는 책을 읽지 않으면 잠자지 않는다.

책 읽는 환경을 만들어라.

아이가 책을 좋아하려면 집안에서 아이가 가장 오래 머무는 곳에 책이 있어야 한다. 책을 곁에 끼고 볼 수 있어야 책을 좋아하는 아이가 된다. 책을 좋아하는 유대인 가정의 거실은 TV 대신 책장이 있다고 한다. 아내도 신혼집 꾸밀 때부터 지금까지 거실에 TV 대신 책장을 놓기를 바랐다. 하지만 육퇴 후 드라마를 보며 맥주 한 캔 마시는 즐거움을 포기하지 못해 결국 치우지 못했다. 한동안 거실이 좁아 보여 책장을 작은 방에 옮겼다가 그 뒤로 아이들이 책을 읽지 않아 다시 책장을 거실로 옮기기도 했다. 거실을 책 읽는 우리 가족만의 공간으로 꾸며 보자. 습관 들이기는 의지도 의지지만 환경에도 꽤나 영향받는다.

책의 권 수를 정해주되, 읽고 싶은 책은 아이가 정하게 하라.

잠자기 전 아이들에게 읽고 싶은 책 3권을 가져오라고 한다. 가끔 아이들은 더 읽어 달라고 말할 때가 있다. 낑낑대며 네다섯

권을 품에 안고 들고 오지만 얄짤없다. 권 수를 정해주지 않으면 한도 끝도 없기 때문이다. 제한을 두지 않으면 더 읽겠다는 아이와 실랑이를 벌일 수 있다. 가끔은 아이가 원하는 대로 한 두 권 더 읽어주기도 하지만 말이다. 중요한 것은 아이가 읽고 싶은 책을 직접 고르게 하는 것이다.

책 읽듯이 읽지 말고 질문하라.

육퇴의 고지를 앞두고 부모는 지칠 대로 지쳐있다. 빨리 재우고 싶은 마음에 조급해진다. 마음이 급해지면 설렁설렁 읽게 되는데 듣는 사람이 재미가 없다. 베갯머리독서는 아이에게 지식이나 정보 전달보다 아이와 소통하는 도구다. 아이에게 열린 질문을 하며 생각하는 습관을 길러주는 것이다. 책 제목을 읽어주고 책의 내용을 질문하거나, 표지나 그림에 담긴 의미를 발견하는 것이다. 그림의 색감이나 전체적인 분위기, 인물의 표정과 행동이 어떠한지 질문하고 이야기를 나눠보자. 별다른 형식 없이 자유롭게 읽어주면 된다.

아이와 서점이나 도서관 데이트를 하라.

아이의 읽기 습관을 들이기 위해 아빠가 먼저 나서면 좋겠다.

요즘 시립 도서관은 책 읽을 수 있게 잘 꾸며져 있고 아이와 함께 책놀이나 책 관련 공연, 프로그램에 참여할 수 있다. 아이들과 집에서 가까운 시립 도서관에 가서 책을 읽는다. 더듬더듬 혼자 읽기가 가능한 첫째는 책 구경하느라 바쁘고 둘째와 셋째는 다리에 앉혀 놓고 책을 읽어준다. 가끔 아이들을 데리고 서점에 가는데 읽고 싶은 책 한 권씩은 고르게 한다. 서점 데이트한 날 밤이면 새로 산 책을 읽어 달라고 난리다.

#에필로그

___

가장 먼저 감사의 말을 전하고 싶다.

아프리카 속담 "한 아이를 키우기 위해서는 온 마을이 필요하다." 라는 말처럼 세 아이를 키울 수 있도록 옆에서 도와준 양가 부모님과 끊임없이 지지해 준 어린이집, 유치원, 학교 선생님에게 감사드린다. 놀이터에서 아이들을 함께 돌봐준 이웃들에게도 고마운 마음을 전하고 싶다. 무엇보다 글을 쓰고 원고를 검토하면서 주말 독박 육아에 힘들었을 아내에게 미안하고 고맙다. 이 책은 순전히 아내의 희생과 지지로 마침표를 찍을 수 있었다. 마지막으로 이 글을 알아봐 준 정석환 대표님에게 감사를 전하는 바이다.

육아하면서 누구보다 변한 사람은 바로 나다. 어린 시절의 부모님과 마주했고 웅크려 앉아있는 내면 아이를 끌어안았다. 아버지에게 굳게 걸어 잠근 마음의 문을 열었다. 이제 부모님을 찾아뵙는 것이 부담스럽지 않다. 어린 시절 아버지에 대한 미운 감정, 원망, 분노를 흘려보냈다. 어린 시절 상처와 홀가분하게 작별했다. 이제는 감사한 마음이 먼저다. 아이들을 통해 나를 아끼고 사랑하게 된 것이다. 좋은 아빠가 되기 위해 애쓰다 보니 더 나은 모습을 꿈꾸고 성장할 수 있었다. 나를 가장 나답게 만드는 존재가 되어준 아이들에게 고맙다.

지나고 보니 아이의 발달 시기에 따른 새로운 과업에 적응하기 바빴다. 육아 멘붕은 현재도 진행 중이다. 2023년은 8살 된 첫째의 초등학교 입학이 발등에 떨어진 불과 같았다. 올해는 5살 된 셋째의 유치원 생활 적응이 주된 관심사다. 어제는 씩씩하게 유치원에 다녀온 셋째가 오늘은 등원 버스에 안 타겠다고 울고 불고했다. 발달 시기에 따라 예측하고 대응한다지만 또 어떤 과제로 근심하고 걱정할지 모르는 일이다. 아이와 함께 실수하고 좌절하고 다시 결심하고 또 실수하는 반복된 과정을 거치면서 성장할 뿐이다.

이 책은 지난 9년간 세 아이를 키우면서 느꼈던 감정과 경험을 적었다. 최종 원고를 수차례 읽으면서 먼지 쌓인 앨범을 다시 펼쳐 보는 기분이었다. 잊고 있었던 육아의 순간들이 새록새록 떠올랐다. 솔직히 전쟁 같았던 시간이 어떻게 지나갔는지 모르겠다. 에필로그를 쓰면서 시간 참 빠르다는 것을 느꼈다. 어쩌면 앞으로도 언제 끝날지 모르는 육아와의 전쟁을 반복하며 치열하게 살아내겠지. 이제야 말하지만 특별한 노하우나 대단한 육아법을 적은 책이 아니다. 자녀 양육에 임하는 부모의 태도와 가치를 담았다.

자녀에게 해 줄 수 있는 일은 무엇일까. 세 아이를 키워보니 육아의 본질은 아이를 아낌없이 사랑하는 것이다. 부모는 자녀가 건강하게 자랄 수 있는 양육 환경을 만들어야 한다. 그래야만 아이들이 자존감을 지키며 자신만의 인생을 펼치며 살 것이다. 이를 위해 부모가 올바른 가치를 품고 기본 원칙을 지키는 것이 중요하다.

첫째. 좋은 부모는 함께 가족을 만든다.
둘째. 최고의 육아법은 사이좋은 부부관계에서 시작된다.
셋째. 아이의 성장은 모든 순간이 결정적인 시기다.

알아서 크면 좋겠지만 어떤 아이도 혼자 크지 않는다. 아이는 부모의 세심한 관심과 따뜻한 돌봄으로 자란다. 이 책을 읽으면서 지난 육아의 위대한 여정을 추억하고 자축하길 바란다. 지나고 보면 육아한 날들이 내 인생에서 가장 찬란했을 것이다. 첫아이를 가졌을 때의 마음을 되새기는 기회가 되었으면 좋겠다. 육아로 지친 마음에 따뜻한 위로를 건넨다. 지금까지 아이들이 자랄 수 있었던 것은 육아에 진심인 당신 덕분이었다. 모든 육아 동지들에게 응원을 보낸다. 찐 아빠, 찐 부모를 위하여.

전현승

사회복지학과를 졸업하고 대학원에서 아동·청소년 상담심리학을 전공했다. 2009년 졸업 후 지역아동센터 센터장과 다문화가족지원센터 아이돌봄지원사업 전담인력으로 일했다. 2013년부터 현재까지 학교에서 교육복지사(학교사회복지사)로 일하고 있다. 아동 상담을 하며 가족, 학교, 지역사회와의 협력적인 관계를 통해 촘촘한 사회 안전망을 만든다. 학생 문제를 예방하여 아이들의 행복한 학교생활과 성장을 돕는다. 작가의 꿈을 꾸고 다음(Daum) 브런치 스토리에서 가족 분야 크리에이터로 활동하고 있다.

찐아빠의 육아 세계

발행일 . 2024년 7월 5일
지은이 . 전현승
펴낸곳 . 정씨책방 **임프린트** . 리플레이
주소 . 경기도 김포시 김포한강9로 75번길 66, 505호
전화 . 070-8616-9767 **팩스** . 02-2179-9767
이메일 . jungcbooks@naver.com
ISBN . 979-11-91467-34-5 **정가** . 15,800 원

- '리플레이'는 정씨책방의 출판 브랜드 입니다.
- 이 책은 저작권법에 의하여 한국 내에서 보호를 받는 저작물이므로 무단전재와 무단복제를 금합니다. 이 책 내용의 전부 또는 일부를 이용하려면 반드시 저작권자의 서면 동의를 받아야 합니다.
- 잘못된 책은 구입하신 서점에서 바꿔드립니다.